Esperanza *contra* esperanza

Esperanza *contra* esperanza

Mizraim Esquilín

CASA CREACIÓN

Esperanza contra esperanza
por Mizraim Esquilín

Impreso en los Estados Unidos de América
ISBN 0-88419-558-9

Casa Creación
Strang Communications
600 Rinehart Road
Lake Mary, Fl 32746
Tel (407) 333-7117 - Fax (407) 333-7147
Internet http://www.strang.com

Primera edición, 1999

Índice

Dedicatoria

Al Dr. Abelardo Vargas Rivera:

...médico de médicos
...padre y maestro
...forjador de Esperanza.

Agradecimientos

El proceso de escribir un libro nunca es el trabajo de una sola persona. En el camino que hay que andar para que pueda finalmente convertirse en una realidad, se hace necesaria la presencia y la participación de unas personas capaces de entender el corazón del que escribe. Son personas muy especiales, capacitadas por Dios para hacer milagros comparados con la multiplicación de los panes y los peces. Estoy convencido de que las virtudes y la efectividad que pueda tener un libro dependen en gran manera del grado de participación que se les conceda a esos peregrinos compañeros de la letra, el verbo y la pasión.

En lo que respecta a este trabajo, debo reconocer que he sido honrado con la compañía de un equipo singular. Ellos se las arreglaron para dirigirme a buscar en los lugares correctos, hicieron las preguntas pertinentes y me concedieron unos espacios vitales para este nuevo proyecto.

Debo agradecer a mi padre, Jacinto, porque siendo poco intencional, se las arregló para insistir en que atacara correctamente las preguntas que inspiraron los bosquejos de este libro y que las manejara con manos de hierro y dedos de seda. Sus lecturas y correcciones son invaluables. Tengo que agradecer a mi esposa Edith y a nuestros hijos por provocar mis reflexiones sobre aspectos que me negaba a considerar; a ella por su paciencia y por prestarme el testimonio de sus madrecita tan querida. A mi suegra, por ser de bendición hasta en el proceso de su muerte; te extrañamos mucho, pero sabemos que te veremos muy pronto.

Agradezco a William Lebrón, Daniel Luis Flores, Juan José García, Ramón G. Goveo, Miguel A. Morales, Ramón Ayala Cuervo y Elizabeth y Mauricio Guidini por proveerme los espacios y la paz mental para producir un poco más que unas cuartillas. Ellos saben de lo que hablo. Particularmente significativos los instantes en que una llamada telefónica inspirada por Dios fue suficiente para provocar que pudiera correr la segunda milla.

Tengo que dar gracias a Dios por hombres y mujeres como Samuel Pagán, Luis Fidel Mercado, Ediberto López, Lester McGrath, Juan Bek, Sandra Mangual, Wade Eaton, Luis Rivera Rodríguez, Julia Batista y Aurelio García; amigos y compañeros con visión, capaces de entrenar profetas, pastores, consejeros y maestros de la Palabra de Vida.

No puedo pasar por alto darle las gracias a Tessie y a su equipo de trabajo, que soportan mis excentricidades con paciencia, me escuchan, y se las arreglan para leer mi alma antes de que mi mente pueda inventar proyectos. Amigos fieles del camino que saben encontrarle espacio a mis atrevimientos lingüísticos, a los que cariñosamente llaman neologismos.

Por último, tengo que dar gracias a los lectores que no se cansan de sumergirse en los arroyos y encrucijadas mentales que Dios pone en la mente y en la pluma de este humilde escritor. Espero no defraudar sus expectativas ahora que me honran inclinándose a descorrer los velos de los retablos de Esperanza y vivir la Esperanza aún cuando no hay espacio para ella: Esperanza contra Esperanza.

Introducción

EL AVIÓN SE ENCONTRABA volando a 10.000 metros de altura. Durante todo el trayecto había estado leyendo un libro de Ravi Zacharias: *Deliver Us from Evil*, una joya de la literatura, producto de una de las mentes cristianas más brillantes y poderosas que han existido. Con una maestría sólo comparada a las de genios como C.S. Lewis y John Stott, las palabras escogidas por Ravi se encargaban de pintar en mi mente unas imágenes imborrables. Estas imágenes estaban cargadas de un análisis excelente y exhaustivo de los textos, con un mejor y profundo respeto por la historia, y una visión y explicación sin precedentes de nuestro «aquí y ahora».

Detrás de mí estaba sentado un niño de unos tres años de edad, con tal energía que había pasado la última hora pateando mi asiento. El pequeño buscaba llamar la atención con la misma intensidad e insistencia que las palabras de Ravi. Una frase usada por el Dr. Zacharias había estado resonando en mi interior: «Una sociedad americana, un mundo necesitado de esperanza.» La insistencia del tema me parecía provocativa. Durante varios meses el tema me había estado desvelando y mortificando, como un niño que busca insistentemente llamar la atención.

Mi lucha había sido titánica. Mi formación científica

siempre ha estado en lucha con mi entrenamiento administrativo. Lo puedo describir como una batalla campal entre el tiempo dedicado a las investigaciones placenteras *versus* el correcto uso del tiempo y la maximización eficiente de los recursos a mi disposición. Un gran amigo, médico él, lo sintetizó con palabras magistrales: «Lo que quiero hacer no lo hago y lo que no quiero hacer...» Mi mente corría alrededor de los libros comenzados y bosquejados por completo en esta misma máquina. Mi corazón repasaba las emociones de los temas aleatorios a la esperanza, motivado por las pinceladas filológicas trazadas por el genio de este indio convertido a Cristo y defensor de ese poderoso Evangelio. Las emociones seguían «pateando». El niño también.

Debía tomar una decisión: hacerme amigo del tema, hacerme amigo del niño detrás de mi asiento y comenzar a disfrutar la «paz que el mundo no puede quitar». Llegó el momento en el que siempre tenemos que escoger entre «chicken o lasagna». Algo extraño ocurrió; no nos permitieron escoger. A todos los «cautivos de ese tubo con alas» nos sirvieron lo mismo, sin miramientos. O comíamos pollo o simplemente no comíamos.

De pronto, se oyó la voz del piloto de la nave. Se había molestado en interrumpir nuestra «calma» para anunciarnos una gran película que se proyectaba esa tarde. Esta vez no se trataba de esos acetatos de Holywood que monótonamente son ofrecidos en esos pequeños televisores que aparecen y desaparecen. Se trataba de un espectáculo tridimensional preparado por la madre naturaleza; una gran tormenta eléctrica que se dibujaba a 8500 metros por las ventanas del lado derecho del «tubo flotante». Si se me pidiera resumir la experiencia en una sola palabra, sin vacilación alguna respondería: poderosa.

Segundo a segundo, instante tras instante, centellas radiantes con formas inimaginables e indescriptibles, aparecían como fotografías en tres dimensiones. Una y otra vez iluminaban los cielos unos «garabatos» provocados por una fuerza celestial sin par. La potencia se reflejaba en cada grupo de nubes que iluminaban con sus explosiones. Megavatios capaces de iluminar ciudades enteras, operar cientos de industrias y miles de negocios, ahora se entretenían iluminando nubes en el medio del océano.

Muchas preguntas comenzaron a «derramarse» desde mi mente y no desde el intelecto. Verá: había aprendido con Ravi que el cerebro y el intelecto son distintos a la mente y la razón; los primeros informan el cuerpo; los segundos informan el corazón. Desde el punto de vista de la lógica, lo más correcto sería completar el trabajo comenzado y luego repensar un poco esta insistencia cuasi emocional.

Durante otra hora, la otra tormenta que se había estado desarrollando en el interior de la nave, ese niño de tres años, sentado en el asiento posterior al mío, había estado asomándose por las orillas del asiento. Decidí aceptar su invitación; comenzaría un proceso de juegos con este amiguito e intentaría ganármelo. Mi sorpresa fue grande. Al dirigirme al pequeño, me encontré que viajaba con su abuela; una anciana entrada en años con un rostro que acusaba muchos desvelos, y con una mirada de esas que se desarrolla cuando se han pasado muchos años contemplando paredes llenas de recuerdos; recuerdos desgastados por los embates de mustios y anquilosantes presentes. El cabello de esta venerable anciana, ajustado a sus sienes, lucía las marcas de la desatención por falta de tiempo, y un tanto de dejadez y abandono. Sus líneas de expresión testificaban de una vida en la que se ha dado mucho y se ha recibido poco.

Mi pequeño amiguito vestía unos *blue jeans* acompañados de una camiseta tipo polo, que anunciaba sus intenciones de visitar a Blancanieves y al ratón Mickey. Su rostro lucía radiante y su cabellera marrón era ondulante y un tanto larga. Fue entonces que le pregunté su nombre. Mi amiguito no era amiguito sino amiguita. Su nombre paralizó mi corazón en el tiempo y el espacio. Se llamaba Esperanza...

Está demás decirlo, la niña me convenció; acepté la invitación de Dios y comencé a delinear los bosquejos para escribir este libro. Un gran problema estalló en mis pensamientos, tal como estalla un artefacto explosivo, sacudiendo los fundamentos de mi ser. De primera intención me enfrenté a la realidad de tener ocho bosquejos distintos para esta presentación, y no tener mucho espacio para el desarrollo de los mismos. El segundo dilema consistía en los estilos usados para las presentaciones de cada tema a ser considerado.

De manera cuasi salomónica y en diálogo con un querido amigo, decidí seleccionar cuatro de esos bosquejos y acompañarlos con una sección casi obligada; una inserción que, al leerla, el lector podrá interpretar muy bien los elementos conclusivos que la distinguen, además de unos argumentos bíblicos impostergables e irremplazables en la presentación de este tema.

Para beneficio de la paz mental he escogido tres acercamientos distintos para la discusión y el análisis de la esperanza. El primero de ellos, la elaboración de la *Esperanza en la gracia*, con énfasis en la teología bíblica del Antiguo Testamento. El segundo, el desarrollo de la *Esperanza en el perdón*, con énfasis en la eclesiología. El tercero, la discusión de la Esperanza en el dolor, con énfasis en la teología del cuidado pastoral y la consejería. La cuarta sección es una herramienta de conclusiones y aplicaciones que humildemente considero muy práctica. La he titulado «*Esperanza contra esperanza*».

Cada sección está encabezada por un relato a manera de novela. Pidiendo una licencia poética al texto bíblico, he violentado casi todos los niveles del atrevimiento para construir matices de dolores, emociones, ansiedades, victorias, sueños, así como toques personales y humanos alrededor de cada pasaje bíblico o personaje analizado. Son figuras pintadas con palabras, talladas a fuerza de verbos y adjetivos, para representar los resultados de la historia más grande del mundo: la de la redención.

Son vidas que, como obras arquitectónicas, se presentan como herramientas para invitar a los peregrinos al altar de la esperanza, al Monte Calvario. Vidas que adornan el altar del Gólgota como símbolos de esperanza para todos los desesperanzados de la tierra.

Luego de esto, aparece el texto bíblico considerado, seguido de un pequeño análisis bíblico textual, que sirve como introducción al análisis de cada sección.

Adelantándome a los acontecimientos, debo informar al lector que mi intención para el futuro es traer ante su consideración el desarrollo de los siguientes temas: *la esperanza en la tormenta* (divorcio y separación), *la esperanza en sus promesas* (crisis familiares), *la esperanza en su alabanza* (un apéndice al libro *El Despertar de la adoración*) y *la esperanza en su venida.*

Con profunda humildad, temor y temblor presento ante usted este trabajo, producto del parto del alma de un pastor de pueblo, quien anhela ver el *despertar de unos destellos de esperanza* en toda la América hispana.

Nota importante:

Las notas de referencias han sido numeradas en orden para cada una de las cuatro secciones de este libro. Las mismas se encuentran al final del libro.

1

Primera sección

La esperanza en su gracia

Capítulo 1

La huída

CUANDO SUBIÓ LA COLINA su rostro reflejaba un gran cansancio. Era uno de esos cansancios que no son producidos por la fatiga del trabajo diario; son reflejos del agotamiento del alma.

Su rostro, una vez pléyade de las bellezas y encantos tallados por el infinitesimal y especifista vientre materno, ahora se presenta transformado con líneas de expresión que acusaban un pasado sombrío; rostro modelo de aquellas vidas que andan perseguidas por sus remordimientos y preocupaciones. Los artistas que lo han contemplado en la distancia dictada por *Cronos* han destacado en sus dibujos su mirada sombría, sus cabellos ondulados y empapados de sudor, sus hombros caídos como testimonio de una gran carga que es llevada a cuestas y unas manos temblorosas, que no cesa de frotar entre sí.

Su nombre es sinónimo de maldad, rabia y odio. Muy bien ha podido estar sentado en su celda, aguardando la ejecución de su sentencia de muerte. Su nombre está asociado con el fratricidio, con la muerte, el pecado y la violación del derecho más sagrado que existe: la sacramentalidad de la vida. Su vida ha sido una de desesperación y angustia; la de repasar cada día aquellos instantes y aquellos eventos que trasformaron su vida en un infierno.

Aquellos que lo han visto, lo observan todavía sudoroso, preocupado, irritable y con un dejo de tristeza mezclada con ansiedad; la ansiedad producida por un pasado que sigue acusando experiencias traumáticas, decisiones mal tomadas y un sentido de culpa que alcanza dimensiones extraterrenas. Alguien ha dicho que la ansiedad es un caso moderado de ateísmo, pues nos impide ver a Dios. Es evidente que este hombre está ansioso.

Varias escenas se repiten vez tras vez en su memoria. Las canciones de cuna de una madre que no ha dejado de llorar. Las experiencias de familia; una familia capaz de transitar en segundos las avenidas que lo llevan a uno de lo sublime a lo ridículo, del todo a la nada, de la abundancia a la escasez, de la bonanza a la tormenta, de la risa al gemido lastimero, de la compañía a la soledad, de la gracia a la condenación. Vida de familia que si bien antes se desarrollaba en la seguridad proyectada en todo lo que experimentaban y hacían, ahora solo se desarrolla sostenida por la esperanza…

Quienes lo observan con detenimiento se dan cuenta de que es cierto, su mano derecha es presa de un leve temblor; un movimiento espontáneo y constante. De cuando en cuando mira su mano y la frota contra la otra; pero el temblor no desaparece. Sus manos parecen presagiar y gritar lo que todos a su alrededor conocerán muy bien; la fragmentación inevitable que experimenta nuestra carne y nuestra sangre cuando nos alejamos del propósito santo de Dios. Manos impulsivas, capaces de desgarrar el alma; manos envejecidas, no por el rigor del trabajo honorable sino por el asesinato. Una anciana de mi pueblo, sin siquiera asomarse a mirar por las ventanas de la historia, lo ha dicho muy bien: «el pecado envejece....seca los huesos.»

Su nombre está asociado a la rebeldía. Siendo el

hermano mayor, no respetó las reglas de la casa y le produjo a su madre un dolor irreparable; asesinó a su hermano menor. Muchas veces, al repasar los eventos de ese día, se ha preguntado por qué. Su corazón parece un ingenio azucarero; de esos que ya no se ven en mi isla: tierra preciosa que antes estaba curtida y sostenida por la industria que llenaba las calles de los campos y pueblos con una nieve negra que anunciaba bonanza económica. La isla, como él, optó por revolucionar su *modus vivendi*, echando a un lado el ingenio para postergar así el sufrimiento, el hambre, las barrigas infladas y las manos callosas. El resultado se contempla hoy en miles de manos suaves y tiernas que no conocen lo que es el sufrimiento del cañaveral.

Sí, pero también se contempla en los corazones que no saben lo que es la dulzura del alma. Los pies descalzos, el analfabetismo, las barrigas infladas y las enfermedades de cuerpos mal nutridos han sido sustituidos por hombres y mujeres que transitan en automóviles último modelo, pero con familias descalzas de los elementos más básicos para las relaciones paternofiliales; analfabetas del lenguaje del respeto a la vida, con corazones inflados de temor, odio y depresión; con cuerpos alimentados por las violencias. Sí, violencias, en plural, pues si resulta duro tener que aceptar la violencia del esposo contra la esposa, o la de los padres contra los hijos, o entre los hermanos entre sí, más duro es tener que enfrentarse a la violencia institucional, la que se practica desde los recintos que estimamos sagrados: el gobierno, la legislatura, el tribunal, la industria y la iglesia. Las dificultades que vive la Isla del Encanto, como llamamos a Puerto Rico, no son el producto de la revolución industrial que experimentamos sino el resultado de las motivaciones internas de algunos hombres y mujeres que vieron en ello la oportunidad para inclinar hacia su lado la balanza del poder.

El vive así, en el medio de un remolino de pasiones; contemplando lo que fue, lo que pudo ser, lo que nunca fue y las alternativas que tiene ante sí. Decidió revolucionar el orden establecido para rendir el fruto y las cosechas. Su crisis no surgió de su acción, sino de las motivaciones reales que albergaba su corazón. Como en el caso de la Isla, él tuvo ante sí una vida de trabajos duros, pero con retribución. En un momento de ira —mal ambiente para la toma de decisiones— concluyó que la vida sería más fácil si eliminaba la competencia. Los callos de sus manos fueron cambiados por callos del alma. Su clara capacidad para dialogar con Dios la ofreció en un trueque a cambio de un corazón preñado de orgullo; ese orgullo que es capaz de producir espinas en el alma y pecado en el corazón.

De tal magnitud fue ese orgullo, que se sintió capacitado para tratar con despecho y desdén a Dios. Su arrogancia y temperamento dominaron su pobre carácter. El resultado fue un crimen cometido en nombre de la religión; en nombre de Dios. Su violencia fue desarrollada en el plano personal, pero sus ejecutorias han sido interpretadas por la historia como un acto de violencia institucional; violencia a la institución de la familia.

Si nos permitiera auscultar en sus recuerdos otra vez, encontraríamos diálogos que han sido repasados por él vez tras vez. Diálogos poderosos y muy intensos. Diálogos con sus padres, con su hermano y con Dios. Las conversaciones con sus padres muchas veces giraron acerca de la violencia desatada en las decisiones mal tomadas. Decisiones de padres que pensaron con egoísmo, obteniendo de ello resultados que alcanzaron su clímax en hijos que fueron inoculados con desesperación y ansiedad. Sus acciones sirvieron para que sus hijos fueran inyectados con un sentido de competencia sin visos de fraternidad, con sentimientos profundos de rivalidad. Eran capaces de rivalizar aun frente a Dios. Las actitudes de sus padres produjeron inoculaciones emocionales y espirituales que vaciaron el cántaro de la esperanza.

En sus recuerdos encontraremos diálogos con su

hermano. Diálogos, monólogos, soliloquios, todos ellos se pierden en su memoria. Ninguno de ellos podrá equipararse al último de esos intercambios de sonidos y expresiones que a veces oímos, pero que no siempre escuchamos. Ese día lo concluyó con una invitación para ir juntos a pasear al campo. Sí, una invitación a pasear juntos. Muy parecida a las invitaciones que han recibido muchos otros, como su hermano, y que luego han aparecido en los zaguanes de los callejones de nuestras ciudades, o tendidos sobre un suelo duro y áspero de una plaza, o en un automóvil, mientras son sacudidos por los borbotones de una vida que se les escapa con violencia, a través de una piel desnaturalizada por el plomo y el odio.

En sus recuerdos hay escenas casi palpables de sus diálogos con Dios, quien se las arregló para entablar conversaciones con él, antes y después de su crimen. Dios, que alzó su voz —la misma que había formado los cielos y la tierra— para advertirle acerca de los peligros que amenazaban el corazón de este hombre. Voz que él llegó a oír, pero que no quiso escuchar. Dios, que se acercó una mañana inmediatamente después del derramamiento de sangre, para auscultar si este hombre tenía las agallas y el carácter para aceptar su responsabilidad y procurar el perdón divino. Recordó que su padre había recibido una oportunidad similar de parte de Dios, en el medio de una crisis igualmente existencial y profundamente espiritual. Su padre no supo aprovecharla, y él, como su padre, optó por repetir el error. Allí demostró su incapacidad para aprender de los errores en la historia.

Sus padres habían fallado en su intento de ser semejantes a Dios. En cambio, él había pecado por negarse a oír las expectativas que Dios tenía para su vida. Sus negativas lo convirtieron en fratricida y en un ser sin esperanza. Este hombre se había negado a aceptar que el pecado como definición alcanza dos dimensiones: se peca contra Dios al intentar usurpar su trono, así como cuando nos negamos a cumplir con las expectativas que el Todopoderoso ha trazado para nosotros. Como ha dicho Moltmann, es este «el pecado que más hondamente amenaza al creyente. No el mal que hace, sino el bien que deja de hacer.»[1] Este hombre no se conformó con esta dimensión de pecado. Añadió a sus rechazos la usurpación de una potestad que no le pertenecía; decidir sobre la vida o la muerte del prójimo, la vida de su hermano.

Recordó que Dios se entristeció sobremanera al saberse rechazado por su amigo…

El remolino de pasiones de este hombre lo ha llevado a contemplar de cerca la historia de sus padres. «Tal vez sean ellos los verdaderos culpables de todo este embrollo», subrayó. Mas su actitud había sido esa. Desde un tiempo hacia acá, se le escuchó repetir con frecuencia lo mismo: «La culpa es siempre de otros, nunca mía.» Se comenta que en un momento dado hasta se le ocurrió echarle la culpa al diablo, pero su padre lo corrigió al enunciar un proverbio que los judíos cubrirían de eternidad: «Una persona es siempre responsable de sus acciones, sea que esté despierto o dormido.»[2] En su mente me parece que apareció repetidamente una frase lapidaria que la historia luego convirtió en proverbio: «Pues si nuestro corazón nos reprende, mayor que nuestro corazón es Dios.» (1 Juan 3.20).

Sus padres, antes administradores y herederos de todo un paraíso, decidieron violar los acuerdos a los que habían llegado con el dueño de esas propiedades, el cual más que un dueño era su amigo más íntimo. Ellos habían acordado administrar todas esas propiedades. Como parte del acuerdo aceptaron una cláusula muy especial: no apropiarse ni sacar provecho de un producto muy peligroso que había en esa hacienda. Sus padres respetaron el pacto, pero solo por un tiempo. En su deseo de ser iguales al dueño, optaron por actuar de manera independiente y se decidieron por el peligro. No les bastaba ser administradores; ahora querían ser dueños de su propio jardín.

Él estaba viviendo parte de los resultados de esa pobre determinación. Por esta acción, sus padres perdieron todos los privilegios, fueron echados de aquellas propiedades y desde entonces sus vidas habían estado matizadas por el caos, los espinos, el dolor y la desesperación. Alzando su voz se le escuchó decir: «Tal vez, si me hubiera criado allí, en ese paraíso, no habría matado a mi hermano...» Pero ya era demasiado tarde; por más que se esforzara no podría cambiar su pasado. Ahora sólo dependería de la esperanza que había puesto en un cambio; cambios de ambiente, de amigos, de espacios vitales, de labores y faenas, de amores y desilusiones.

Pero esa esperanza suya era aristotélica; de esas que se definen como «el soñar del hombre despierto»,[3] sin metas positivas, como las ofrecidas por la famosa caja de Pandora. Irónico el hecho de que este hombre, antes amigo y compañero de tertulias de Dios, ahora no puede verlo en sus visiones del futuro. De hecho, para él parece no haber futuro. Tan solo un deseo de vivir eternamente en el presente, en ese «átomo de eternidad», en ese tedio vital que anquilosa y desespera. Él ha debido concluir que su vida no parece tener esperanza...

Entonces, este hombre sin esperanza es también un hombre sin una teología auténtica, pues como ha dicho Moltmann, solo una teología auténtica es concebida desde su meta en el futuro. Este hombre se proyecta en su universo sin futuro, sin teología, sin esperanza, sin Dios...

Varias preguntas están revoloteando en medio de sus pensamientos: «¿Por qué me dejaron con vida? ¿Por qué no me ajusticiaron en aquél mismo instante? ¿Qué sabrá él que yo aún desconozca? ¿Será verdad que no tengo esperanza? Si es así, ¿por qué se me permite seguir andando por los caminos? ¿Habrá otro camino? ¿Podré regresar algún día?» Tantas preguntas y tantas posibles respuestas.

En ese momento, mientras sus pensamientos coquetean con las posibilidades que estila la *gracia*, su conciencia resuena como un trueno en la trastienda de su espíritu. Una voz lo llama por su nombre: Caín…

Capítulo 2

El texto bíblico

«CONOCIÓ ADÁN A SU MUJER Eva, la cual concibió y dio a luz a Caín, y dijo: Por voluntad de Jehová he adquirido varón. Después dio a luz a su hermano Abel. Y Abel fue pastor de ovejas, y Caín fue labrador de la tierra. Y aconteció andando el tiempo, que Caín trajo del fruto de la tierra una ofrenda a Jehová. Y Abel trajo también de los primogénitos de sus ovejas, de los más gordo de ellas. Y miró Jehová con agrado a Abel y a su ofrenda; pero no miró con agrado a Caín y a la ofrenda suya. Y se ensañó Caín en gran manera, y decayó su semblante. Entonces Jehová dijo a Caín: ¿Por qué te ha ensañado, y por qué ha decaído tu semblante? Si bien hicieres, ¿no serás enaltecido? y si no hicieres bien, el pecado está a la puerta; con todo esto, a ti será su deseo, y tú te enseñorearás de él. Y dijo Caín a su hermano Abel: Salgamos al campo. Y aconteció que estando ellos en el campo, Caín se levantó contra su hermano Abel, y lo mató. Y Jehová dijo a Caín: ¿Dónde está Abel tu hermano? Y él respondió: No sé. ¿Soy yo acaso guarda de mi hermano? Y él le dijo: ¿Qué has hecho? La voz de la sangre de tu hermano clama a mí desde la tierra. Ahora, pues, maldito seas tú de la tierra, que abrió su boca para recibir de tu mano la sangre de tu hermano. Cuando labres la tierra, no te volverá a dar su fuerza; errante y extranjero serás en la tierra. Y dijo Caín a Jehová: Grande es mi castigo para ser soportado. He aquí me echas hoy de la tierra, y de tu presencia me esconderé, y seré errante y extranjero en la tierra; y sucederá que cualquiera que me hallare, me matará. Y le respondió Jehová: Ciertamente cualquiera que matare a Caín, siete veces será castigado. Entonces Jehová puso señal en Caín, para que no lo matase cualquiera que le hallara. Salió, pues, Caín de delante de Jehová, y habitó en tierra de Nod, al oriente de Edén.»

—Génesis 4.1-16

Capítulo 3

El prefacio:
el contexto del texto para anular y evitar los pretextos

PERMÍTAME EL LECTOR ANALIZAR someramente los datos bíblicos que sirven de base al cuadro que acabo de describir.

Los capítulos iniciales de Génesis se presentan ante nosotros como un reto para el análisis de casi todos nuestros procesos teológicos, filosóficos y empíricos. Resulta casi imposible acercarse a ellos y seguir siendo los mismos. Constituyen uno de esos tipos de pasajes bíblicos que se introducen en el alma con una precisión que excede a la de una espada con dos filos muy bien afilados.

Mi entrenamiento académico me obliga a llevar al lector a una dimensión de la exégesis que encuentro muy necesaria para entender lo que ha leído hasta aquí. Haré todo lo posible para no convertir este análisis en un ejercicio técnico. Después de todo, ya hay disponibles excelentes trabajos con ese enfoque y producidos por las mentes privilegiadas de estudiosos apellidados Voth, Brueggemann y von Rad,[4] entre otros.

De primera intención, para entrar en cancha y estudiar el pasaje bíblico que nos ofrece luz sobre el relato (Génesis

4), es menester acercarnos al capítulo anterior (Génesis 3). Es allí en donde el entendimiento del mundo cristiano y evangélico comienza a chocar con el folclore judío. Por ejemplo, el folclore judío no cree que la serpiente que aparece descrita en Génesis 3 sea tipo de Satanás, el diablo. Las escuelas judías han establecido que se trata de un prototipo de la capacidad humana para la autodeterminación. Esto es, la capacidad inherente que tenemos todos los humanos para tomar decisiones; o sea, nuestro raciocinio y libertad decisional.

Si usted está chocando con esta visión judía, permítame formularle la siguiente pregunta: ¿a qué se refiere Cristo cuando nos invita a ser sencillos como palomas, pero prudentes como serpientes? (Mateo 10.16) ¿Acaso Cristo nos estaba comparando con el diablo? De ninguna manera. Me parece que más bien él nos estaba subrayando la necesidad de saber ser sencillos, pero al mismo tiempo tener la prudencia de usar nuestras capacidades para tomar decisiones de una forma sabia y responsable. Este análisis cobra un sentido mucho más profundo cuando nos damos cuenta de que el Maestro ha dicho esto a sus discípulos en un contexto en el que les invita a tener cuidados especiales frente a las persecuciones y tribulaciones que enfrentarían como iglesia naciente, luego de que el Señor ascendiera al Cielo.

Siendo esto así, entonces este punto de vista no nos permitiría echarle la culpa del pecado a otra cosa que no sea nuestra capacidad para la autodeterminación. Esto es, *el verdadero culpable de mis pecados soy yo.* Somos nosotros los responsables de las faltas y pecados que cometemos contra Dios y contra el mundo; es nuestro ejercicio de tomar decisiones por encima de la voluntad santa, agradable y perfecta de nuestro Dios. En otras palabras, hay que dejar de echarle la culpa al diablo por los errores y las «metidas de pata» que realizamos.

Sin tomar en poco las realidades teológicas subyacentes

a las tesis del pecado original y la naturaleza del ser humano, me parece que Génesis 3 tiene como eje central presentar esa capacidad nuestra para tomar decisiones que aleja a Dios de nuestras agendas, mientras intenta que nos convirtamos en los ocupantes del trono que sólo le corresponde al Todopoderoso.

Un buen ejemplo de esto lo observamos cuando tomamos en consideración uno de los personajes que aparece en Génesis 3: Eva. Ella es capaz de añadir palabras a las instrucciones divinas. Al hacerlo, está asumiendo claramente la posición de alguien similar a Dios, que tiene esa autoridad y esa prerrogativa. Cuando leemos en Génesis 3.2 en adelante ese diálogo existencial, encontramos que ella le comunica a la serpiente lo siguiente:

> *«Y la mujer respondió a la serpiente: Del fruto de los árboles del huerto podemos comer; pero del fruto del árbol que está en medio del huerto dijo Dios: No comeréis de él, ni le tocaréis, para que no muráis.»*

¿Es cierto lo que ha dicho? Sólo parcialmente. Leamos en Génesis 2:17 cuáles fueron las instrucciones del Eterno Dios:

> *«Mas del árbol de la ciencia del bien y del mal no comerás; porque el día que de él comieres, ciertamente morirás.»*

Es muy claro que Dios estableció que el pacto consistía en no comer del árbol, mas ella le dice a la serpiente que «dijo Dios» que no se podía tocar ni comer del fruto de ese árbol. Tal vez algún lector radical insistirá que una cosa está íntimamente ligada a la otra. Respeto su posición, pero a mí me parece que el pasaje nos está gritando sobre los peligros implícitos en añadirle palabras a lo que Dios ha dicho. Es imposible ocultar que es a partir de esa edición especial que ella realiza de las instrucciones divinas, que se desarrollan avenidas interminables para la concepción y el parto de la duda y la concupiscencia.

¿Por qué Eva le añade requisitos a los ya establecidos por el Señor? Me parece que las respuestas pueden estar inmersas en ese proceso existencial de encontrar argumentos que nos puedan ayudar a vencer y disponer de esas inclinaciones temperamentales que amenazan con dominar nuestro pobre carácter. A las debilidades que no somos capaces de enfrentar —y mucho menos dominar— casi siempre acabamos tratando de esconderlas debajo de un manto divino, espiritualista y, en algunos casos, hasta metafísico.

Me parece apropiado hacer un paréntesis en el análisis para indicar que cuando hago referencias a experiencias existenciales, de ninguna manera estoy tratando de validar el existencialismo como corriente filosófica, pues esta filosofía predica entre otras cosas la intensidad de la vida en el presente y la subjetividad de la verdad. El carácter de mi expresión tan solo intenta recoger aquello que es inherente a la existencia del ser humano y a las realidades que se tienen que enfrentar mientras uno se encuentra en el «aquí y ahora».

Regresando a la discusión, es igualmente importante que el lector no malinterprete mis reflexiones dialógicas sobre el carácter y el temperamento. Estoy claramente convencido de que el enemigo de las almas estuvo, está y estará tratando de sacar partido de este conflicto entre lo que somos como seres humanos y las herramientas que se necesitan para poder ser moldeados; y llegar a desarrollar vidas productivas y no destructivas. Pero la responsabilidad última de nuestra caída es nuestra. De no ser así, el diablo sería el único culpable de nuestras caídas y entonces Dios podría ser calificado como injusto al juzgarnos como pecadores, cuando en realidad solo hemos sido víctimas.

Nuestra naturaleza es pecaminosa; nadie lo puede negar. Pero tampoco podemos negar el hecho de que en el proceso de lidiar con esta naturaleza, fracasamos al intentar vencerla con nuestras propias fuerzas. Es allí que, sabiéndonos fracasados, muchas veces echamos mano de argumentos que necesitamos hacer ciertos; ¡y qué mejor forma de hacerlo que ponerla en boca de Dios!

Es por esto que se hizo necesario la primera venida de Cristo. Varias fueron sus tareas y cumplió con todas ellas a la perfección. Vino para que pudiéramos escuchar de boca de Dios su Palabra inequívoca, y para describir la única alternativa que existe para vencer esa naturaleza nuestra; para perdonarnos y reconciliarnos con Dios. Vino a expeditar la entrada del Espíritu Santo como agente capacitador y rector de nuestras vidas, única forma en la que podemos vencer esa inclinación y deseo hacia el pecado (Romanos 8). Cuando nuestra naturaleza es vencida en Cristo, no necesitamos añadirle palabras a lo que Dios ha dicho. Aquellos que insisten en hacerlo se convierten en legalistas, grandes precursores de preceptos sin principios y sin orientación a la persona de Dios. Por ende, se convierten en precursores de conductas pecaminosas en sus seguidores y en ellos mismos.

Otra vertiente de este análisis lo provee el cuadro que ofrecen aquellos que con pasmosa facilidad se paran en un púlpito, oficial o improvisado, y sin miramientos le dicen a sus concurrencias: «Así dice el Señor...» Es por demás peligroso usar esa frase si no estamos absoluta y completamente convencidos de que lo que vamos a decir es literalmente mensaje del Altísimo. Se cuentan por cientos los incidentes desagradables y por miles los resultados nefastos producidos por «mensajes» de este tipo, que a la larga resultaron ser corolarios añadidos por los profetas al mensaje real del Señor.

En mi caso personal, estoy convencido de que la Biblia tiene tanto que decir que no necesita de mi ayuda. Y no es que esté negando la capacitación profética que realiza el Espíritu. Todo lo contrario, pues en el plano personal tengo que alabar Dios por las ocasiones en las que se ha «resignado» a usarme como instrumento en esa dimensión de la profecía.

Permítame relatarle tan solo una de mis experiencias con esta manifestación del Espíritu. Casualmente, en los momentos en los que escribo estos párrafos, he recibido la grata e inmerecida invitación para compartir con un compañero en el ministerio. Lo que hace singular esta invitación es que hace unos siete años, mientras ministraba en su congregación, el Señor puso en mi boca un palabra profética y de sabiduría. En palabras de una hermana de esa congregación que escuchó la grabación de esa ministración años después: «al pasar revista de los acontecimientos ocurridos en la vida de la familia pastoral y la de nuestra iglesia, parecía como si usted hubiese estado leyendo en alta voz un reportaje periodístico en detalle de todos esos acontecimientos. Nada era genérico, todas los señalamientos iban especificados con detalles increíbles que el Señor indicaba a través de sus labios. Lo mas impresionante era el hecho de que todo tenía siete años de adelanto.»

Al escuchar la grabación reconocí que era mi voz, pero no tenía recuerdo alguno de esa experiencia. ¡Glorias sean dadas a Dios, que nos usa como Él quiere y nos permite ser instrumentos en sus manos para que Él sea glorificado! Dios permite estas cosas para que sepamos que es su iglesia, que sólo Él es cabeza de ésta, solo suyas son la potestad, la majestad y la gloria; ahora y por siempre.

Comparto todo esto con el propósito de que el lector comprenda que si en mi caso hubiera sido más atrevido, podría haber desarrollado todo un andamiaje ministerial a base de profecías, testimonios y manifestaciones carismáticas. Pero sin ánimo de polemizar, creo que hay cosas más importantes que compartir y comunicar desde el púlpito. Es más, las ocasiones en las que he usado la frase «Así dice el Señor», lo he hecho luego de una gran lucha con mi Dios y mi Salvador.

Volvamos a la discusión original. Un análisis más profundo de esta mujer nos llevará a concluir que ha sido la primera en ser atacada por este cúmulo de preguntas existenciales, quizás por ser la más sensitiva de la pareja. Pero me parece que la respuesta real la encontramos en las investigaciones de algunos estudiosos, quienes no vacilan en decir que ella es la primera en este dilema, por ser la portadora de la vida. Es decir, que hay espacio en este pasaje para aquellos que puedan considerarla el ser más importante de la Creación.

Tengo una pregunta para aquellos que insistirán en retar esta interpretación, aludidos por su machismo y argumentando que «ellas sin nosotros no pueden vivir». Si es cierto que «las muchachas» no pueden hacer nada sin los muchachos, ¿necesitó Dios de un varón para que el Niño Dios se formara en el vientre virginal de María?

Un poco de especulación científica: los clones

Con ánimo de polemizar un poco con algunos lectores inquisitivos, permítame especular un poco sobre esto último. Lo que formularé aquí lo presento como especialista en ciencias y sin intención alguna de validar o apoyar las cuestionables gestiones de algunos biogeneticistas. De la ciencia actual sabemos que el proceso usado por el Espíritu Santo para formar al niño en ese vientre pudo ser parecido al proceso usado para formar un clon. Un clon es formado cuando el núcleo de una célula no sexual es introducido en un óvulo maduro listo para ser fertilizado. El proceso para introducir ese núcleo allí requiere una descarga eléctrica para abrir la pared de esa célula-óvulo. Técnicamente se ha probado que esa descarga «confunde» al óvulo y le hace creer que ha sido fecundado. Es entonces, luego de recibir ese impulso eléctrico que implanta el nuevo núcleo, que el óvulo comienza a reproducirse. Tan solo piense por un instante que es muy probable que Dios haya creado ese núcleo con información vital para el cuerpo y naturaleza del cuerpo de Jesús, y luego lo insertó en un óvulo maduro de esa virgen llamada María. Para hacerlo, el Espíritu Santo usó el *dynamos* (la potencia de Dios: Romanos 1.16-17) y esta «corriente eléctrica del Espíritu» abrió esa pared celular. Al hacerlo, el óvulo de ese vientre virginal se creyó fecundado y comenzó a reproducirse.

Es entonces, sin necesidad de un hombre, que la virgen concibe por la sombra del Espíritu… (Lucas 1.35). Sé muy bien que Adán y muchos otros adanes jamás podrán tragarse todo esto. Pero no me preocupa; me basta saber que la Biblia dice que Dios hizo todo esto como parte de un plan hermoso, y la variable «Dios» posibilita cualquier ecuación por difícil que esta sea. Pero insisto en que es probable que esa capacidad para la independencia de acción que poseen las mujeres sea la razón por los siglos de atropello que ellas han tenido que experimentar.

Volviendo al plano teológico

Este punto parece ser validado por nuestro amigo Adán, cuando en un arranque de *chauvinismo* se le ocurre hacer con la mujer lo que ha hecho con los otros animales: ponerle nombre. Como uno de los primeros resultados del pecado, Adán decide inventar el patriarcado como institución de opresión, y lo valida tratando a su compañera con la misma vara con la que trató a los animales.

El nombre que Adán escoge es el de Eva, y la Biblia apunta que escogió este nombre por saber que ella era la madre de todos los vivientes (Génesis 3.20). Insisto en que es curioso el hecho de que Adán asuma esta actitud luego de haber pecado. Es un mensaje claro: la opresión y el maltrato de la mujer es producto directo del pecado: Dios no patrocina el chauvinismo ni el patriarcado. Yo no creo que ellas sean superiores a nosotros, pero tampoco creo que sean inferiores. Mis posiciones teológicas están fundamentadas, entre otras cosas, en las declaraciones paulinas y la de Cristo:

> *«Ya no hay judío ni griego; no hay esclavo ni libre; no hay varón ni mujer; porque todos vosotros sois uno en Cristo Jesús.»*
>
> —Gálatas 3.28

> *«Pero en el Señor, ni el varón es sin la mujer, ni la mujer sin el varón; porque así como la mujer procede del varón también el varón nace de la mujer; pero todo procede de Dios.»*
>
> —1Corintios 11.11-12

> *«El, respondiendo, les dijo: ¿No habéis leído que el que los hizo al principio, varón y hembra los hizo, y dijo: Por esto el hombre dejará padre y madre, y se unirá a su mujer, y los dos serán una sola carne?»*
>
> —Mateo 19.4-5

Nuestro amigo Adán es el segundo personaje de esta historia. Creo que ha sido la historia la que nos ha obligado a usar ese nombre como propio. La verdad es que la Biblia nos dice que este era un nombre genérico. Adán era el nombre de *ellos* (Génesis 5.2). Son el producto de la «adama» (tierra) y por lo tanto son llamados «adán».

Este hombre se presenta en Génesis 3 como una evidencia contundente de lo que significa la naturaleza del pecado y de sus efectos. La segunda premisa es mucho más fácil de explicar que la primera. Los efectos del pecado son vistos rápidamente en Adán. Él no es capaz de pasar el examen existencial al que es sometido por Dios. Las anotaciones rabínicas de este pasaje incluyen apuntes en los que se señala que Adán fue capaz de oír el diálogo entre la serpiente y Eva; mas no hizo nada al respecto.[5] Cuando Dios se le acerca, no solo se esconde sino que no puede darse cuenta de que Dios, sabiendo todas las cosas, ha debido estar preguntando «¿Dónde estás?» no porque no lo supiera, sino como una oportunidad para que Adán asumiera su responsabilidad ante Dios y ante sí mismo.

Adán se esconde; es incapaz de responder de manera apropiada. Es importantísimo subrayar que Dios es Todopoderoso y, entre otras cosas, Omnisciente: todo lo sabe. Entonces, su pregunta un tanto «boba» responde al deseo divino de brindarle al ser humano otra oportunidad para levantar su mano y reconocer con valentía que, ciertamente, había pecado. Adán decide hacer todo lo contrario; le echa la culpa de su pecado y de su situación a Dios; «la mujer que me diste por compañera...»

Estoy convencido de que es ese el momento en el que se codificó genéticamente esa tendencia humana de echarle a Dios la culpa por todas nuestras faltas, nuestros dolores de cabeza y nuestros sufrimientos. La realidad es que, entre muchas otras cosas, una resultante del pecado es la aniquilación de nuestro carácter, y por ende, la incapacidad de controlar nuestros temperamentos. Ante la falta de carácter buscamos que otro sea responsable de nuestras conductas. Pregúntele al esposo que practica violencia doméstica, al joven preso que nació en el residencial público o a la mujer que maltrata a sus hijos. Aparte de sus enfermedades sicológicas, siempre hay alguien responsable de sus extravíos; ellos casi siempre insisten en ser inocentes.

Permítame explicar esto con algunos detalles. Quien escribe es defensor de una escuela de pensamiento que predica que el temperamento posee un conjunto de características inalienables, que nacen con nosotros y que resultan muy difíciles de modificar. Algunas escuelas del comportamiento humano predican que este es imposible o casi imposible de modificar. Soy de la opinión que aunque es muy difícil de lograr, sí se puede. Sin embargo, tenemos a nuestra disposición un grupo de herramientas para lograr controlar y disciplinar ese temperamento, de modo que pueda producir resultados positivos y no las desolaciones y angustias que observamos a menudo.

El problema de Adán y el de toda la raza humana es que el pecado ha desarrollado en nosotros un gran problema: la falta de carácter. Debemos admitir que el pecado reduce al mínimo nuestras capacidades para controlar nuestro yo interno: ese pecador contumaz que todos llevamos por dentro. Sin pecar de irresponsable en el campo de la exégesis, estoy convencido de que este ángulo forma parte de una de la acepciones paulinas, cuando señala en Romanos 7.18-21 que las cosas que quiere hacer no las hace y que termina haciendo aquellas que no desea.

Algunos ejemplos sobre esta área tan neurálgica lo son aquellos momentos en la historia en los que sabemos que el sentido común de los hombres les conducía a la conciliación y al diálogo, y sin embargo terminaron en guerras, batallas y conflictos que desembocaron en la fragmentación, el fratricidio y/o el genocidio.

Es de aquí que obtenemos los datos para concluir que el pecado nos incapacita y no nos deja desarrollar el carácter necesario para vivir a la altura de las expectativas de Dios.

Dios llega a sus criaturas antes y después de la Caída. Adán y Eva se jugaron todo a la autodeterminación independiente de la voluntad divina; se excedieron en el ejercicio de su libre albedrío; violaron sus acuerdos con el Creador. Aun así, el Creador volvió a hacer tratos con ellos. ¡Qué clase de Dios tenemos! En Génesis 3 Dios termina ofreciéndole protección y esperanza:

> *«Y pondré enemistad entre ti y la mujer, y entre tu simiente y la simiente suya; ésta te herirá en la cabeza, y tú le herirás en el calcañar.»*
>
> —Génesis 3.15

Los violadores del pacto no solamente están vivos por la gracia divina, sino que a Dios se le ocurre proveerles esperanza; una promesa divina que sirve de norte en el peregrinaje. En algún momento en la historia, Dios permitiría la irrupción de una simiente de mujer capaz de derrotar a la serpiente; una clara referencia al Cristo nacido como simiente de la mujer y vencedor del pecado, la muerte, el infierno, el diablo y la serpiente.

Un buen resumen de lo que he presentado hasta aquí nos lo regala Walter Brueggemann, quien con una maestría sin par nos ofrece un análisis en el que destaca que Génesis 3 es un pasaje desarrollado como una crítica teológica a la ansiedad. Al leerlo me pareció que, sin duda alguna, está en lo correcto cuando nos indica que el pasaje sirve como un «prisma para entender la raíz-causa de la ansiedad humana».[6] Ambos seres humanos, controlados por la ansiedad producida por sus análisis racionales, intentan escapar de la misma pasando por encima de sus acuerdos con Dios. Lo hacen intentando escapar de la realidad de Dios. Brueggemann señala que esa realidad y esa ansiedad están relacionadas una a la otra. Y esto es muy cierto cuando permitimos que la realidad de Dios se convierta en la idea rectora de lo que somos y hacemos. Allí se anulan las ansiedades acerca de lo que somos o lo que podremos ser.

Por otro lado, también se establece en este pasaje la necesidad de enfocar correctamente la naturaleza y la fuente de nuestras ansiedades, humana y existencial. La raíz de nuestros problemas es una de desobediencia desde el espíritu. Esa desobediencia a la voluntad divina genera ansiedad. En esa zona de trabajo andamos ciegos e incapaces de resolver ese dilema. Es por esto que sólo Dios puede proveernos «la herramienta» necesaria para «reenfocarnos». Esto es, sólo Dios nos da esperanza...

Capítulo 4

El análisis

OFRECIDA ESA INTRODUCCIÓN superficial, permítaseme comenzar la presentación de esos primeros 16 versos del capítulo 4 del Génesis. Este pasaje se presenta en la Biblia como uno capaz de ofrecernos pistas increíbles, sin importar el tipo de óptica con la que nos queramos acercar

Análisis de tiempos verbales «La esperanza desde la exégesis...»

Para los filólogos este pasaje es riquísimo, pues comienza con el verbo conocer «Yadah», que implica intimidad consciente. Este verbo nunca es usado en la Biblia para hablar de la copulación entre animales.[7] Cuando es usado para hablar de intimidad, sólo se usa para describir las relaciones entre aquellos que se pueden mirar a la cara durante su intimidad. O sea, que este pasaje comienza hablando de que Adán y Eva no se limitaban a tener relaciones sexuales sino que eran íntimos.

Es un secreto a voces el hecho de que se puede tener relaciones sin ser íntimos. Un ejemplo de esto son las personas que cobran por sus favores sexuales. Este pasaje comienza indicando que el diseño bíblico para el matrimonio es que el esposo y la esposa sean íntimos.

Según Nahum Sarna, este conocimiento incluye mucho más que las realidades intelectuales o el simple objetivo de su contemplación. Este conocimiento es experiencial, emocional y, sobre todas las cosas, relacional.[8]

El tiempo verbal de esta frase esté en pluscuamperfecto: «había conocido Adán a Eva su mujer...», lo cual significa que el *Rashi*, comentario judío del siglo XII, está en lo correcto al señalar que Adán y Eva no comenzaron a ser íntimos en sus relaciones cuando salieron del Edén sino que ya lo habían sido en el Paraíso. El *Rashi* parte de esta conjugación verbal. Esta posición echa por el suelo las posiciones de aquellos que insisten en ver el sexo como raíz o fuente primaria del pecado. No tengo problema alguno en declarar que la sexualidad humana es una de las áreas más vulnerables y de mayor ataque por parte del enemigo. Pero hay una gran distancia entre la realidad de señalar la sexualidad humana como parte del esquema para la caída del ser humano y su vulnerabilidad para los ataques diabólicos. Con todo respeto, señalo que aquellos que asumen la posición de criminalizar la sexualidad humana, ignoran el análisis bíblico.

Tanto Adán como el redactor del libro de Génesis parecen saber esto muy bien, cuando señalan que a la mujer se le llamó Eva porque se sabía que ella era la madre de todos los vivientes (Génesis 3.20). El sentido común se encarga de explicar cómo es que Adán conocía esto.

Análisis estructural
«La esperanza desde la retórica social...»

Este pasaje es también un banquete para los sociólogos. En el mismo se reseñan las organizaciones económicas desarrolladas para el sustento de las primeras sociedades descritas en la Biblia. Allí se sostiene que era una economía basada en la agricultura y la ganadería. Una gran verdad, con sus virtudes y sentencias, se cierne sobre nosotros a partir de este pasaje: aquellas sociedades que abandonan estos dos sistemas para dedicarse a otras cosas, están condenados a sufrir gran precariedad y vivir a merced de los usureros que mercadean con el bienestar de los pueblos.

Un buen ejemplo de esto lo es la Isla de Puerto Rico. Hubo un tiempo en que esta isla «se molestaba» en cultivar la tierra y extraerle con suavidad y delicadeza los frutos para el sustento de todos los habitantes del país. También se dedicaba una buena porción del tiempo y de las tierras para la ganadería, produciendo leche y carne en buena medida.

El problema con estos modos para el sustento económico, residían en los abusos de los latifundistas que poco a poco mataban la esperanza del jíbaro[9] puertorriqueño a fuerza de la precariedad, el hambre y la miseria. Con el advenimiento de los «nuevos tiempos» llegaron excelentes revoluciones industriales que levantaron al jíbaro hasta hacerle alcanzar posiciones de privilegio en todas las disciplinas académicas, económicas, políticas y sociales.

El problema entonces fue otro; otro tipo de latifundistas, los que acaparan los sueños y las voluntades del alma. Estos le vendieron al nuevo puertorriqueño la sed por las grandes comodidades, los éxitos alcanzados con rapidez, la capitalización casi inmediata de las inversiones de tiempo, talento y tesoro; todo esto con un costo muy «simple y exiguo»: dejar de cultivar la tierra casi por completo y abandonar casi totalmente la ganadería.[10]

Los resultados son nefastos. En los últimos veinte años hemos estado a la merced de los mercaderes internos y externos, quienes tienen la capacidad para la importación y la venta de los productos alimentarios de primera necesidad. Los precios que tenemos que pagar por los alimentos son los que ellos imponen; nos guste o no.

Si con visión y planificación estratégica hubiésemos mantenido un balance entre los avances industriales, la agricultura y la ganadería, tal vez hoy podríamos estar relatando otra historia. Sé muy bien que este fenómeno es de carácter mundial, pero hay países que pueden obtener sus alimentos a precios mucho más baratos que nosotros; son los países que se han sabido sacrificarse e invertir esforzadamente en mantener este balance. En esto nosotros somos un *antimodelo* que el resto del mundo (los que estén a tiempo de hacerlo) debe tratar de no emular nuestra conducta.

Análisis antropológico
«La esperanza en los ministerios de la mujer...»

Este pasaje se proyecta como un andamiaje singular para la desarticulación de aquellos que no ven espacios para las mujeres en sus ministerios. Es interesantísimo el hecho de que cuando el pasaje nos permite «escuchar» a Eva, lo primero que ella nos dirá será:

«Por voluntad de Jehová he adquirido varón.»

Lo que hace interesante esta frase es que ella es el primer ser humano registrado en las Sagradas Escrituras que llama a Dios por su nombre revelado: *Yahvé*. Este nombre, el «Nombre sobre todo nombre», es el que usará Dios para identificarse en el Sinaí. Es el nombre íntimo de Dios, y es una mujer la primera persona en usarlo. Ese nombre presupone que quien lo usa, conoce a Dios. Me parece que el cronista que edita la versión final del Génesis debió haber sufrido un mini colapso ante la «travesura» practicada por el Espíritu Santo; siendo un judío chauvinista, el Santo Espíritu de Dios le obligó a escribir esto.

En ánimo de especular un poco sobre este asunto, ¿habrá en esto un señalamiento implícito de la sensibilidad mayúscula que poseen las integrantes del sexo femenino? Sin ánimo de polemizar, me parece que casi todos los lectores concluirán conmigo que no es secreto el hecho de que las mujeres parecen ser más sensibles a la voz de Dios que los hombres. Parece ser que a ellas se les hace un poco menos difícil buscar el rostro de Dios y humillarse ante él. Es como si tuviesen una propensión mayor hacia la piedad. Cómo ha dicho Pablo, lo que he dicho lo digo como «loco» que reflexiona «a viva voz», y no como postulante de una nueva teología feminista.

En ánimo de validar con claridad mis posiciones, debo repetir que estoy convencido de que es absolutamente cierto aquello que fue dicho por el apóstol Pablo:

> *«Ya no hay judío ni griego; no hay esclavo ni libre; no hay varón ni mujer; porque todos vosotros sois uno en Cristo Jesús.»*
>
> —GÁLATAS 3.28

Debo admitir que soy el producto del chauvinismo hispano, y que tengo muy serios problemas con las teologías feministas del momento. Pero no puedo esconder la realidad de que lo que este pasaje implica es que en la Iglesia del Señor no se deben reconocer diferencias entre «ellas» y «ellos». Entonces, las apologías que levanto a favor de «ellas» lo hago en virtud de los atropellos que durante siglos hemos cometido en el nombre del Señor.

Análisis litúrgico
«La esperanza en la adoración...»

Para los estudiosos del comportamiento humano este pasaje se presenta como un banquete digno de ser disfrutado hasta la saciedad. Algunas preguntas pueden ayudarnos a entender mejor este planteamiento. ¿Por qué decide Abel traer sacrificio de animales al Señor? ¿De dónde obtuvo la idea de que Dios se agradaría en un sacrificio de esta naturaleza?

Me parece que Abel debió entender que Dios podría ser partidario de esto pues, cuando se sintió traicionado por Adán y Eva, decidió resolver el problema con un sacrificio: el mismo que produjo las pieles con las que los vistió luego de la Caída. Desde el punto de vista puramente poético y metafórico, parece que el autor y los redactores de este pasaje coincidían en el hecho de que había que aprender de la historia y del valor intrínseco del derramamiento de sangre.

Si tomamos en consideración que el nombre Abel tiene, en hebreo, un sonido similar a «Hevel» (que significa «aliento») esto nos pondría en contacto con la discusión acerca de la naturaleza pasajera de la vida.[11] Es una estrategia poética poderosa ver a aquél que está cerca de morir, acercarse a Dios para ofrecer lo mejor que tenía ante sí, antes de exhalar su último aliento de vida. Después de todo, la Biblia siempre tiene razón: la vida es como la flor del campo... (Salmo 103.15) y la mejor forma de emplear nuestro corto tiempo de existencia es reconciliados con Dios, en actitud de adoración y reconocimiento de la grandeza y majestad del Todopoderoso. Negarnos a reconocer esto es tan solo una necedad, pues el carácter fugaz de nuestra existencia nos llevará irremediablemente a darle cuentas a Dios mucho antes de lo que pensamos o podamos imaginar. Caín salió a pasear con «la naturaleza pasajera de la vida», y la mató.

Este pasaje es también una delicia para los especialistas en el área de la adoración individual y comunitaria. Allí se destaca el hecho de que el primer acto de adoración no usa palabras. Cuando Nahum Sarna nos llevó a disfrutar de esta realidad escritural, fuimos transportados por el Espíritu de Dios a repasar los postulados básicos de la adoración.

He señalado en infinidad de ocasiones que la adoración es respuesta a la presencia del todopoderoso Dios. Una respuesta que nos reclama el alma. En una ocasión el arzobispo William Temple, convocado y retado a definir este concepto, logró resumirlo de una forma que me parece inigualable:

> *«La adoración es la sumisión de toda nuestra naturaleza a Dios; la revitalización de nuestra conciencia por su santidad; la alimentación de la mente por su verdad, la purificación de la imaginación por su belleza; abrir el corazón a su amor y rendir nuestra voluntad a sus propósitos. La reunión de todo esto en adoración es la mayor expresión posible de todas aquellas expresiones de las que somos capaces.»*[12]

Como habrá notado el lector, a esta adoración le añadimos palabras solo si es necesario. Esta expresión cargada de intensidad deja por el suelo muchos esfuerzos posmodernistas que tratan de encerrar a la adoración como concepto exclusivo de la cultura judía; son decenas de conceptos, estilos y definiciones que miles de nuestras congregaciones intentan desesperadamente aprender e incluir en sus estilos y órdenes de culto.

Es más, si me permite el lector una digresión, me parece absolutamente necesario apuntar que en muchos de los grandes simposios y conferencias que se celebran sobre este tema, se destaca sobremanera que los panelistas invitados ignoran casi todas estas realidades teológicas y cúlticas. De esta forma, obligan a que las conferencias se transformen en experiencias puramente sensoriales o testimoniales, sin una base bíblica sólida para sustentar sus tesis (muchas de ellas correctas, otras no) y ausentes de la presencia de Aquél que provoca nuestras respuestas. Es más, con temor y temblor me atrevo a señalar que en muchas de las ocasiones en las que he asistido a actividades de este tipo, lo que se ha destacado es el aparato comercial, el cual, al fin y al cabo, resulta ser el propósito intrínseco y escondido detrás de muchas de estas actividades.

No perdamos de vista esto jamás; la verdadera adoración no procede de la agitación de las masas, ni de los esfuerzos realizados por crear ambientes cuasi hipnóticos en las multitudes. Algunos que hacen esto conscientemente insisten en que debe ser de Dios, ya que la gente se convierte y los enfermos se sanan. Hermanos, no erremos; si las multitudes se siguen convirtiendo y sanando no es por nosotros, sino porque Dios está obligado a respaldar su Palabra santa. Jonathan Edwards señaló en una ocasión que aunque la adoración afecta nuestras emociones, no es en sí emocional.

En cambio, cuando la presencia del Todopoderoso desea tomar control de una actividad, con música o sin ella, con coros de guerra o sin ellos, con figuras reconocidas o sin ellas, con luces y sonidos «holywoodense» o sin ellos, el Espíritu de Dios se las arregla para hacernos llorar, cantar, levantar las manos y tirarnos de cabeza delante de su presencia santa. Y todo esto lo hace a pesar de nosotros, y sin necesitarnos para nada.

Recuerdo muy bien una experiencia singular en uno de los primeros Congresos de Adoración celebrados en Puerto Rico. En una de las actividades de la tarde fuimos convocados a interceder por nuestro país. En un momento dado, mientras dirigía la oración, sentí que una Presencia especial comenzaba a acercarse a la plataforma en la que yo estaba. Esa Presencia no llegó allí por mí. Esta bendición se manifestó allí a pesar de mí. Su magnitud y potencia eran tales que cuando pasó por mi lado sentí que algo sublime rozaba mi cuerpo y se me aflojaron las coyunturas de las rodillas (y de todo el cuerpo). No pude seguir de pie, y mucho menos continuar dirigiendo la oración. Comencé a gemir y a orar en el espíritu y en lenguas.

Para sorpresa mía, según esa Presencia se desplazaba hacia uno de los lados del auditorio, la gente iba cayendo de rodillas al suelo. En un momento dado casi todos los presentes estábamos tirados en el suelo, experimentando lo mismo. Luego de que ese momento pasó, recuerdo que me acerqué a una veintena de los presentes para relatarles mi experiencia y saber de las suyas. La noticia era solo una: todos habíamos experimentado lo mismo; la misma Presencia acercándose a todos los presentes y provocando una respuesta inefable; como se dice en el castellano antiguo, no se puede «fablar», hablar o explicar.

Abel y Caín sabían esto. A Dios hay que adorarlo, hay que responderle desde el corazón y no desde lo estereotipado de nuestras composiciones musicales y poéticas, o aquellas que hayamos tomado prestadas.

Ahora bien, esta adoración no habrá tenido palabras, pero si tuvo sacrificio. Permítame ampliar esto último. Recuerdo que en enero 16 de 1978, el entonces Presidente Jimmy Carter tuvo la responsabilidad de dirigir la elegía del ex vicepresidente Hubert Humphrey. Frente al féretro de este hombre de estado, a Carter se le ocurrió recordar que en uno de sus viajes a la India pudo visitar la tumba de Mahatma Gandhi. Dijo que en una de las paredes del memorial dedicado a este pacifista estaban esculpidos los «siete pecados capitales» según Gandhi. Estos son los siguientes:

- Riqueza sin trabajo.
- Placer sin consciencia.
- Conocimiento sin carácter.
- Comercio sin moral.
- Ciencia sin humanidad.
- Política sin principios.
- Adoración sin sacrificio.

Si para Mahatma («alma grande») estaba claro que la adoración requiere sacrificio, para el apóstol Pablo lo estaba mucho más. Él lo dice de una manera mucho más efectiva en Romanos 12.1-2, cuando nos recuerda que cada creyente es su propio sacerdote ante Dios, y que, por lo tanto, tiene la responsabilidad de presentar todo su ser en sacrificio vivo, santo, agradable a Dios, como parte de un orden cúltico en el que somos completamente conscientes de lo que hacemos. Y como parte de esto, aceptamos no conformarnos a las agendas que ofrece el mundo y sí aceptar la verificación en nuestras vidas de la voluntad de Dios, agradable y perfecta. Sin este sacrificio, nuestra respuesta a Dios estará incompleta.

Análisis filosófico
«La esperanza en la misericordia de Dios...»

Ahora bien, luego de mucha búsqueda y análisis exegético, tengo que indicar que este pasaje no responde de manera directa a la interrogante más profunda que nos formula: ¿por qué Dios no acepta la ofrenda de Caín? Todas las posibles respuestas que formularé aquí y que han podido ofrecer otros serán tan solo interpolaciones de los análisis textuales realizados.

No sabemos por qué Dios no acepta el sacrificio de Caín: tan sólo sabemos que se implica que Abel trae lo primero que obtiene; una gran posibilidad de riesgo al que se acerca Abel, pues no sabe cómo responderá Dios a esta ofrenda. También sabemos que Caín no trae de lo primero de su cosecha.

Luego de un estudio exhaustivo sobre las posibles vertientes que pueden arrojar luz sobre esta situación, decidí regresar al texto hebreo y a las traducciones aceptadas por el pueblo judío. Las sorpresas fueron muy grandes, de las más grandes que he tenido en mi vida de estudiante de la Palabra. Para que el lector pueda juzgar esto usando sus propios criterios investigativos, he aquí el texto hebreo literal en inglés[13] y en español. El texto en Inglés: (Génesis 4.5-7)

> «*...but to Cain and his offering He paid no heed.*

> *Cain was much distressed and his face fell. And the Lord said to Cain, "Why are you distressed, and why is your face fallen? Surely, if you do right, There is uplift. But if you do not do right Sin couches at the door; its urge is toward you, Yet you can be its master.»*

El texto en Español:

> *«...pero no miró así a Caín ni a su ofrenda, por lo que Caín se enojó muchísimo y puso muy mala cara. Entonces el Señor le dijo: "¿Por qué te enojas y pones tan mala cara? Si hicieras lo bueno, podrías levantar la cara; pero como no lo haces, el pecado está esperando el momento de dominarte. Sin embargo, tú puedes dominarlo a él."»*

Es aquí dónde comienzan nuestros problemas con el análisis textual. He decidido enfatizar dos frases en cada traducción. El lector, particularmente aquel que domina un poco el idioma de Shakespeare, se habrá dado cuenta de que existe una gran diferencia entre el término *«distress»* y su traducción al español *«enojarse muchísimo»*. En inglés, cuando alguno está «distress» —concepto usado por el pueblo judío en su traducción— significa que está sintiendo pena, dolor, sufrimiento agudo, o que se está experimentando una calamidad, miseria, apuro, conflicto o escasez. En ningún lugar aparece el término enojo como parte de las posibilidades en la traducción.

¿Por qué el pueblo judío decide usar este término en su versión en inglés y no el que usamos en nuestras traducciones en español y en la mayoría de las traducciones anglosajonas consultadas? La mejor respuesta nos la ofrece un comentarista judío (Nahum Sarna) cuando nos enfatiza que la palabra usada aquí en el texto hebreo es *«harah'l»* que significa desaliento, desconfianza, abatimiento o depresión. La palabra hebrea para definir coraje o enojo, es *«harah'af»* .

Raíces comunes, pero con significados distintos.

En otras palabras, que Caín no experimentó coraje ni enojo al ver que Dios rechazaba su ofrenda. Es más, la frase siguiente: «*face fallen*» significa «rostro demudado o caído»; es el semblante de aquellos que están deprimidos, angustiados, abatidos y/o desalentados.[14] Caín estaba angustiado y deprimido por ese rechazo. Una traducción libre de ese texto pudiera decir lo siguiente:

> *«Pero no miró así a Caín ni a su ofrenda, por lo que Caín se entristeció y se afligió muchísimo y se le decayó el semblante. Entonces el Señor le dijo: "¿Por qué te afliges y se decae tu semblante? Si hicieras lo bueno podrías levantar la cara; pero como no lo haces, el pecado está esperando el momento de dominarte. Sin embargo, tú puedes dominarlo a él."»*

Siendo esto así, entonces el pecado de Caín no nace del enojo, puesto que este concepto no está incluido en la lista de sentimientos que, posiblemente, él haya experimentado. Podemos descartar esa razón como móvil para explicar el comportamiento y el pecado observados en Caín. Esto no quiere decir que sus sentimientos hayan sido del todo saludables. De hecho, su estado anímico es uno de los puntos sobresalientes en su diálogo con Dios. Es más, soy de la opinión que la ofrenda de Caín ha sido rechazada porque quería adorar sin la intención de ser agradecido. Creo que pudo haberse sentido obligado a competir con su hermano. El lector podrá entenderlo mejor si toma en consideración que es la gratitud y no la competencia la que es siempre considerada en la Biblia como el preludio de la adoración y de la alabanza:

> *«Entrad por sus puertas con acción de gracias, por sus atrios con alabanza.»*
>
> —SALMO 100.4A

Volvamos a repasar todo esto, pero con lentes pastorales. ¿No le sorprende al lector que Dios rechaza la ofrenda de Caín, pero no a él como ser humano? Dios rechaza la ofrenda, pero se acerca a dialogar con Caín. O sea que el problema de Dios no es con el ser humano y sí con su ofrenda, o más bien con la actitud del corazón de este hombre al presentar su ofrenda delante de Dios. ¿No le parece hermoso? Aun cuando nuestras ofrendas y nuestra adoración no sean vistas con buenos ojos por el Señor, allí tenemos esa bendita misericordia de un Dios que no nos rechaza; antes bien, acude a nuestro encuentro. Es un Dios que sigue siendo capaz de establecer el diálogo con nosotros a pesar de esto.

Si volvemos nuevamente a ese diálogo, veremos que el Señor le llama la atención porque sabe que este estado lo hará vulnerable. Si leemos con detenimiento observaremos también que Dios subraya el hecho de que Caín no estaría sintiéndose así si hubiera hecho «lo correcto».

Esta expresión es gloriosa. La misma nos permite entender que el sentimiento de tristeza no es tampoco el móvil de su pecado, sino la pobre actitud que lo llevó a hacer algo que Dios clasificó como «no correcto». O sea, que no hay espacio aquí para aquellas interpretaciones teológicas que apuntan hacia la depresión como un ataque del diablo, y mucho menos para concluir que la angustia y el desaliento son siempre terrenos para la operación de las maquinaciones del enemigo.

Es cierto que el enemigo gusta muchas veces de aprovecharse de estos estado anímicos, pero es un gran error tratar de demostrar que son producto del diablo. Veremos en algunos capítulos posteriores los razonamientos médicos, bíblicos y pastorales que me asisten en esta posición.

¡Deténgase aquí! Vuelva a leer esos versículos. ¿Se dio cuenta que Dios está diciéndole a Caín que el pecado puede dominarlo si continúa en ese estado? Eso significa que el pecado aún no lo ha dominado. Es asombroso; Dios está señalando que el proceso de adoración de Caín no es visto con buenos ojos por Dios, pero que no encuentra pecado en él.

Dos posiciones importantes se desprenden de este análisis. El primero, que no podemos acusar de pecaminosa la adoración ni la actitud de este hombre. Por lo tanto, aún no estamos frente a la chispa que lo lleva al crimen horrendo que cometió. La segunda posición, que hay ocasiones en las que nuestra adoración al Señor podrá no ser pecaminosa, pero no necesariamente será vista con buenos ojos por Él. Especialmente si no viene precedida de agradecimiento genuino y sincero.

Hasta este momento, lo único que ha sido definido con claridad es que el corazón de Caín abriga una actitud que no es correcta, lo cual lo hace vulnerable al pecado, que puede provocarle depresión, desconfianza y angustia, además de ser la causa probable para el rechazo de Dios a la ofrenda que ha presentado.

Si se me permite una digresión aquí, me parece que es un tiempo muy conveniente para repasar aplicaciones. Digo repasar, porque sé que los lectores ya han debido estar llegando a sus propias conclusiones. Algunas preguntas se obligan por sí solas en el medio de este paréntesis. Una de ellas: ¿cuál es nuestra actitud al levantar la adoración y ofrecer sacrificio de alabanza a nuestro Dios? ¿No nos hace este pasaje recordar las palabras de Cristo cuando nos invita a resolver nuestros conflictos con nuestro hermano antes de presentar ofrenda en el altar? ¿Cómo reaccionamos ante las posiciones en las que nos parece observar la insistencia de Dios en este pasaje? Aunque tu caso sea uno en que tu vida y tus procesos de adoración y servicio estén libres de pecado, ¿es tu adoración aceptable a los ojos de Dios? Las preguntas pueden no terminar nunca. Mi oración es que al menos uno de los que se acerquen a leer estas líneas, pueda encontrar sabiduría del Cielo para repasar y corregir su vida como adorador delante de Dios.

El pasaje que analizamos aquí se convierte en toda una pesadilla en este momento. Es ahora que me parece que se hacen válidas las palabras de un excelente pastor y maestro metodista puertorriqueño, el Rdo. Apolinario Cruz Sánchez. A este hombre de Dios, a quien conocí cuando ya estaba de retirada, le escuché decir en una ocasión que venir a la Iglesia y venir ante la Palabra era venir a juicio: «La palabra de Dios nos celebra un juicio cada vez que nos acercamos a ella.»

¿Cómo explicamos que un hombre que dialoga con Dios como su amigo, que parece conocerle de forma íntima, que goza de la gracia de tener la confianza de Dios, pueda cometer semejante atrocidad? ¿Cómo explicar que este hombre, que participa de una revelación divina extraordinaria —al punto de que Dios se moleste en venir personalmente a señalarle aquello que es íntimo en su corazón, aquello que es terreno fértil para el dominio del pecado— pueda abandonar la presencia de Dios para cometer tan salvaje ultraje? ¿Cómo explicamos que sepamos que Dios lee el corazón, que se preocupa por alertarnos y aún así salgamos de la presencia de divina a cometer un crimen en el nombre del Altísimo? Sí, mis hermanos, cuando Caín asesina a su hermano a raíz de una conversación con Dios, implícitamente está declarando que ha matado en el nombre de Dios. El profesor E. Wade Eaton le ha llamado a esto «la corrupción de la religión». Sarna abunda sobre esto al señalar la ironía del texto, cuando repasa que los padres de Caín fracasaron en la búsqueda de la inmortalidad, y en cambio lo que obtuvieron fue un hijo que introdujo en el mundo la realidad de la sentencia divina, la paga del pecado, y de la manera más dolorosa que existe: a costa de la vida del hermano. Una acción irracional de uno de los amigos de Dios.

Si usted está tratando de analizar esto como yo, mis felicitaciones y mis condolencias. Sé muy bien que los hallazgos son dolorosos. Mas permítame explicar que cuando realizo este análisis, lo hago con énfasis en la primera persona singular: yo, mi pecado, el *Caín* que llevo adentro, el *Abel* que he matado, el desprecio a la voz de Dios en el que he caído. Le suplico me conceda el privilegio de «maltratarlo» un poco más con este análisis. Por si usted es de los que intenta zafarse de lo que he postulado hasta aquí, lo invitaré a considerar algunos versículos de la Palabra de Dios:

> *«Nosotros sabemos que hemos pasado de muerte a vida, en que amamos a los hermanos. El que no ama a su hermano, permanece en muerte. Todo aquel que aborrece a su hermano es homicida; y sabéis que ningún homicida tiene vida eterna permanente en él.»*
>
> —1 JUAN 3.14-15

He subrayado una frase de estos versículos con toda intención. Si no soy capaz de amar a mi hermano, ya soy como Caín. Es esta la razón que reviste de importancia la perspectiva que se ofrece aquí sobre este pasaje; el primer crimen de la historia se comete en nombre de Dios. A través de los siglos hemos seguido asesinando física y emocionalmente en el nombre de Dios. Por lo tanto, hemos corrompido la religión, la fe y el concepto más excelso de Dios. Ante este grito de los pueblos, ¿habrá esperanza?

Lo vemos a menudo en mucha gente que habla con Dios, que oye a Dios pero hace lo que le da la gana. Lo vemos también en la corrupción de las instituciones más sagradas de la sociedad. En gobiernos llamados a servir a los pueblos, que deciden desconocer la realidad de que es Dios quien quita y pone reyes. Antes bien, si ignoran esto, no pierden un solo instante en su afán de saquear, corromper, mancillar y hasta matar a nombre de su dios. Sí, su dios, otro dios, como el que aparece retratado en los billetes norteamericanos, que es un ojo sobre una pirámide que atenta contra la realidad del santo Evangelio. Es el dios al que hace referencia la frase impresa en cada uno de esos

billetes: «In God we trust.»[15]
Algo similar acontece en algunos tribunales de justicia a lo largo y a lo ancho de nuestro hemisferio. Dos personas acusadas por el mismo delito pueden ir al tribunal, uno con influencias y el otro sin ellas. Con toda probabilidad, al primero se le *medicalizará* su crimen, enviándolo a tratamiento, mientras que al segundo se le *criminalizará* su enfermedad, recibiendo todo el peso de la ley en la sentencia que se le impone. Al observar esto, me pregunto: ¿habrá esperanza? Si bien es cierto que hay magistrados que honran el estrado y su decisiones son verticales y dignas de encomio y laudos, en ocasiones da la impresión de que es Caín el que imparte justicia, o el que legisla, o administra.

Pero esto no concluye aquí. Las últimas generaciones han sido acosadas por movimientos religiosos y denominaciones que a veces parecen estar haciendo de «segunda voz» a los esquemas y estilos de muchos gobiernos. Lo observamos en líderes que se aferran a sus posiciones, como quien defiende un patrimonio privado, con sus miradas puestas en salvar sus salarios a expensas de lo que sea. Mientras esto pasa, las iglesias se mueren y se anquilosan los esfuerzos de las gentes buenas que parecen no poder hacer nada mientras son diezmados por líderes sin visión y sin autoridad profética. El proverbista lo señaló hace muchos siglos: «Dónde no hay dirección divina, no hay orden» (Proverbios 29.18, DHH).

Un veterano en las lides evangélicas de mi país me decía no hace mucho tiempo que a veces tenía la impresión de que estaba lidiando con ministerios que parecen mafias y no instituciones cristocéntricas. A veces pareciera que en la iglesia lidiáramos con Caín.

Me gustaría que el lector le echara un vistazo a estos versículos bíblicos en 1 Juan 3.11-13, los que sirven de antesala a los que hemos visto:

> *«Porque este es el mensaje que habéis oído desde el principio: Que nos amemos unos a otros. No como Caín, que era del maligno y mató a su hermano. ¿Y por qué causa le mató? Porque sus obras eran malas, y las de su hermano justas. Hermanos míos, no os extrañéis si el mundo os aborrece.»*

Caín asesina y su crimen injiere el más sagrado derecho de propiedad: el de la vida. La frase que utilizó: «Vamos a dar un paseo…», encierra premeditación y alevosía. Sus padres han debido de repasar esto una y mil veces. El fruto de un árbol les había costado el Edén: ahora el fruto de la tierra produce el primer crimen. Un pecado cometido en nombre de Dios ¿Habría esperanza?

Una gran noticia para compartir es que sí, hay esperanza. Siempre hay esperanza. Lo sabemos al observar que aun por encima del crimen y del pecado, *Dios interviene. Él siempre interviene.* Le da una oportunidad a Caín para que pueda confesar su falta y declarar su pecado delante del Altísimo Dios. Más de una vez se nos ha repetido que el que confiesa sus pecados y se aparta, alcanza misericordia. Dios sabe lo que Caín ha hecho y aun así le concede esa oportunidad. Le pregunta por su hermano como dando una oportunidad para repasar las acciones y arrepentirse de lo realizado.

Caín no sabe aprovechar esta oportunidad. Dios lo confronta con su responsabilidad social, mas él responde diciendo que no es guarda de su hermano. Caín falló otra vez al escoger su respuesta. Él no era *guarda* de su hermano sino *hermano* de su hermano; su responsabilidad era aun mayor.

Caín es confrontado con una evidencia que no puede ser refutada. El cuerpo de Abel podía estar enterrado, pero la sangre seguía clamando. Un claro aviso a aquellos que piensan que se saldrán con la suya porque no hay evidencias para sustentar acusaciones contra ellos por sus malas obras y malos manejos. La tierra clama a gritos por nuestras irresponsabilidades. Este pensamiento se sintetiza en el idioma paulino de la siguiente manera:

> *«Porque todos tenemos que presentarnos ante el tribunal de Cristo, para que cada uno reciba lo que le corresponda, según lo bueno o lo malo que haya hecho mientras estaba en el cuerpo.»*
>
> —2 CORINTIOS 5.10 (DHH)

La justicia divina es uno de los atributos insondables de Dios. Sin duda alguna Caín no podrá escapar impune de su pecado. En el verso 12 está una de las sentencias más severas dictadas por Dios. Dice que la Tierra, antes servidora de ofrendas para que Caín pudiera presentar adoración a Dios, ahora se negaría a hacerlo. Esto ha sido interpretado por algunos especialistas como que Dios no podría recibir la adoración que Caín pudiera presentar desde ese momento en adelante. Esto, mis hermanos, ha debido ser muy doloroso. Basta imaginar lo que se podría sentir al saber que nuestra adoración al Señor no será recibida por el Todopoderoso. Es vivir sin la compañía ni la respuesta de Dios. Es este el infierno más terrible que puede existir.

Además, Caín tendrá que vagar errante por caminos inciertos y solitarios; estará solo aunque esté acompañado de mucha gente. La peor soledad es la que nos agenciamos al echar a Dios de nuestras agendas. Encima de esto, la sentencia divina incluye que la tierra que recibió la sangre de su hermano se niegue a tenerlo en ella.

Pero en todo esto siempre Dios se las arregla para dejar un hálito de esperanza. Siempre conserva el derecho de decir la última palabra. La última palabra nunca ha sido de los hombres; siempre la tiene Dios. He aquí una esperanza de gracia en medio de nuestra naturaleza pecadora.

Caín es el prototipo del ser humano común y corriente.

Él se sabe culpable pero no se arrepiente. Es más, es tan atrevido que aun conociendo su pecado se atreve a pedir protección divina. Pero esto no es lo más grande. El mensaje más grande lo encontramos en que el Dios de gracia compromete su misericordia y le ofrece esa protección. ¡Qué clase de Dios tenemos! ¡Cuán insondable es su misericordia y maravillosa su gracia! Un criminal confeso, que se sabe culpable de asesinato en primer grado, alevoso y premeditado, y por encima de esto indiferente ante la posibilidad de arrepentimiento, absolutamente ausente de toda casuística, pide gracia y protección, y el Dios del Antiguo Testamento se la concede.

Repitamos esto con detenimiento. El Dios del Antiguo Testamento pasará por encima de las connotaciones e implicaciones que predica la Ley que más tarde enunciará desde Sinaí y el desierto, para proclamar con sus acciones un mensaje de gracia y esperanza.

Si Dios ha dejado a Caín con vida, y si no se ha adjudicado el privilegio de aplicarle la sentencia que dictará en la Ley: «Ojo por ojo y diente por diente», ¿habrá alguna institución humana sobre la faz de la Tierra que realmente tenga la potestad de decidir entre la vida y la muerte de un ser humano? Si Dios, que es poderoso y tiene el derecho sobre la vida y la muerte, no lo hace, ¿con qué autoridad se atribuye un hombre o una institución tal derecho? Hasta esta discusión llegan los horizontes del mensaje de gracia. Dios decide aun antes de la Ley y nos lo hace saber, a través de una pluma legalista posexílica, que Él no aprueba la pena de muerte. El juglar de la calle dirá que mientras hay vida hay esperanza. En verdad, lo que ha hecho es integrar al refranero popular una expresión bíblica:

> *«Aún hay esperanza para todo aquel que está entre los vivos; porque mejor es perro vivo que león muerto.»*
>
> —ECLESIASTÉS 9.4

Una realidad última es que la esperanza y la gracia divina no obligan a los hombres. Dios ofrece las oportunidades, mas somos nosotros los responsables de decidir entre la aceptación o el rechazo. Aquellos que rechazan estas dádivas de la mano del Todopoderoso viven como si no hubiera esperanza, y son responsables de perpetuar la máxima de que la historia de Caín no concluye aquí: él puede estar vivo por nuestros alrededores, matando hermanos entre nosotros.

Ahora bien, Dios dejó con vida a Caín y él se dejó marcar con una señal de la gracia divina. ¿Cuáles fueron los resultados? ¿Se habrá salvado Caín? Esperemos a llegar al Cielo. He allí nuestra esperanza.

Capítulo 5

Conclusiones

LAS RESPUESTAS OBTENIDAS durante todo el proceso de hacerle preguntas a este pasaje nos lleva a una sola conclusión: hay esperanza en la gracia eterna de Dios. Es ese Dios de gracia quien es capaz de intervenir y seguir interviniendo en las vidas de pecadores culpables de las sentencias más severas. El Dios de gracia interviene a favor nuestro antes y después de cada caída y equivocación nuestras. Hay esperanza en sus intervenciones de gracia. Aun cuando somos débiles e infieles, descubrimos que Él sigue siendo fiel y brindándonos su fortaleza.

Hay esperanza en la gracia que Él desborda sobre nosotros a través de su voz y sus palabras. La voz de Dios siempre se deja escuchar, y siempre se las arregla para que nosotros podamos discernir que provienen de Él, del Dios de la Palabra, de la Palabra de gracia, de la Palabra de esperanza, de la última Palabra.

Hay esperanza en la gracia que Él nos demuestra en los procesos que permite se desarrollen para que seamos confrontados con nuestras realidades. ¡Esas preguntas divinas y esas divinas preguntas...! son confrontaciones que el Cielo siempre ha patrocinado, no en la búsqueda de respuestas sino en ánimo de conseguir introspección y «metanoia»; el arrepentimiento posterior al ejercicio racional-espiritual. Él sigue siendo Dios aun sin nosotros. En cambio nosotros sin Él nada somos.

Es la esperanza que se produce al saber que Dios es capaz de anonadarse, de sufrir «kenosis», de vaciarse de su gloria en favor nuestro, e insistir y seguir insistiendo en el diálogo con nosotros. Es una esperanza cimentada sobre bases inmutables, bases y presupuestos divinos que no admiten cambios.

Una gran pregunta es: ¿por qué Dios es así? No existe una explicación coherente para esta interrogante. Lo único que podemos alcanzar a dirimir como un intento de responder es que Dios nos ama con un amor insondable; ese amor trae esperanza, y es esperanza en sí mismo. Dado el absoluto bíblico de que Dios no cambia, entonces ese amor tampoco cambiará, y esto último es más que esperanzador.

Hay esperanza en la gracia que demuestra nuestro Señor en su respeto a la vida. Es este un testimonio inequívoco de que Dios no se cansa de brindar oportunidades para que decidamos cobijarnos en su misericordia.

No merecemos estas dádivas; por eso son concedidas como dones de gracia. Esa gracia trae esperanza, nos mueve en un ambiente de esperanza; es esperanza. Esta esperanza no avergüenza, porque el amor de Dios ha sido derramado en nuestros corazones.

A través de la historia, decenas de movimientos religiosos han tratado de especular acerca de la marca que el Señor puso sobre Caín. Algunos, como los mormones («Los santos de los últimos días») han presentado posiciones ridículas. Estos llegaron a señalar que la marca puesta sobre Caín no era otra cosa que una nariz achatada y su piel negra. Esta es una opinión ridícula de un movimiento religioso que se escuda tras una cortina de piedad cristiana para insertar de forma discreta una filosofía discriminatoria, basada en prácticas paganas tales como espíritus de dioses que ocupan los cuerpos en el vientre materno, y hombres y mujeres que procuran convertirse en dioses procreando hijos. La señal de Dios sobre Caín fue un sello de gracia; para garantizarle que tendría oportunidades para reconsiderar su posición con Dios.

Habrá notado el lector que no me he atrevido a decifrar —y ni siquiera especular— sobre el final de Caín. Esto es algo que el Dios de la gracia se reservó en su arcano.

2

Segunda sección

La esperanza en el perdón

Capítulo 6

Fuegos en los recuerdos

LA NOCHE SE HABÍA TENDIDO con lentitud y los hombres se aprestaban a aceptar las inequívocas señales del cansancio que evidenciaban sus cuerpos. Había que dormir algunas horas para poder recuperar las fuerzas. El día había sido agitado y en la mañana continuarían su travesía hacia Jope. Los caminantes habían encendido una pequeña hoguera para calentarse, aprovechando la oportunidad para retocar algún potaje que les sirviera de alimento, junto a los higos y los pedazos de pan que les obsequiaron los hermanos antes de comenzar esta travesía.

Los caminantes eran tres. Dos de ellos habían sido enviados a Lida para convencer al más viejo de los tres que hiciera ese viaje. La travesía era de unos diecisiete kilómetros por caminos polvorientos, con días calurosos y noches muy frías. Esa noche se hallaban en un recodo bastante transitado, lo cual era usual dado el hecho de que para entonces Jope había sido utilizada por casi 1700 años como el único puerto natural del Mediterraneo.[1] Esto justificaba la gran cantidad de caminantes que encontraban en ambas direcciones.

El más viejo de ellos se sentó muy cerca del fuego. Por

razones muy personales, las llamas de las hogueras habían conseguido desarrollar en él un efecto invitador. Las chispas se levantaban en cada llama como aceleradores de recuerdos; y él era poseedor de muchos. Era como si las chispas tuvieran la capacidad de traer consigo los interruptores que activaban sus memorias, recuerdos que antes podrían inundar sus pensamientos sin que él les prestara mucha atención, pero que de un tiempo hacia aquí se habían convertido en parte esencial de su ser. Allí, en los recuerdos activados por las chispas, anidaban los sentimientos más lindos, las emociones más intensas; gráficas vivas de experiencias que habían sido capaces de darle color a otras tantas que antes habían pasado casi inadvertidas. Ese fuego…, tantos otros como ese… En fin, el fuego… agente catalítico de experiencias que le habían dado sentido a la vida; a su vida; y posiblemente a la vida de toda la humanidad.

Por años las lecturas de los textos hebreos en las sinagogas destacaban un pasaje del libro de Job que puntualiza que es el hombre el que causa la desdicha, así como del fuego salen volando las chispas.[2] Las chispas le recordaron que había sido invitado a formar parte de una fraternidad exclusiva; una a la que más tarde se le pediría que rompiera todo indicio de exclusividad. Durante los primeros tres años y medio de entrenamiento él no se las pudo arreglar para entender correctamente de qué se trataba todo aquello, y terminó frente a un fuego ajeno,[3] un fuego impío, uno que le congeló el alma. Sí, este hombre sabía muy bien que hay fuegos que calientan pero hay otros que enfrían el alma. Los primeros pueden ser soportados hasta el dolor y, en infinidad de situaciones, hasta se disfrutan. Los segundos son insoportables, a menudo agentes paralizantes de las intenciones más sublimes; destructores de nuestros sueños y motivaciones. Frente a ese fuego, el que se encendió en el patio de la casa del Sumo Sacerdote, él fracasó en el examen de su fidelidad, en el de su integridad y su fe. Lo más difícil de esa reválida fue que al fracasar se encontró incrustado en los ojos de Dios.[4]

El primer fuego... la caída

Sus recuerdos se desplazaron en su mente como piezas de un rompecabezas, hasta lograr ensamblar las tristes realidades que antecedieron a esas chispas anquilosantes. Antes de esa experiencia trascendental, él había sido probado en su discernimiento y fracasó. Se le había señalado que debía estar dispuesto a vigilar toda una noche, más no entendió el mensaje.[5] Se le había pedido que aprendiera a confiar más en el Creador y menos en sí mismo, pero optó por exhibir su arrogancia[6] y declararse autosuficiente.[7] El fuego le hizo recordar que sus actitudes lo llevaron a considerar que Dios era mentiroso. Sí, Dios le había hablado como se habla a un amigo, y en su interlocución le anticipó que él lo negaría tres veces antes del segundo canto de un gallo. Recordó que, en sus propias palabras, había llamado a Dios «mentiroso».

En un instante, docenas de recuerdos inundaron su alma. De manera inexplicable, las lágrimas bajaron por sus mejillas al tiempo que en su rostro se dibujaba una sonrisa de niño. Pidiendo permiso para adentrarnos en sus recuerdos, encontramos que todos ellos parecían ser capaces de postrar al más fuerte, pero él continuaba suspirando románticamente ante ellos. Recordó que cuando al ser probado en el área de servicio, decidió retar la definición y el significado de este.[8] En el examen de su vida espiritual decidió dormir sobre su condición humana[9] y no pudo ser capaz de disciplinar su carne.

Cuando se lo probó en el área de la templanza, la paciencia y el dominio propio, se tornó violento; al extremo de que solo un milagro lo salvó de ser acusado de un acto criminal.[10] Cuando se lo examinó en la perseverancia y en la importancia del trabajo en equipo, puso sus intereses por encima de los del grupo y huyó sin dar explicación alguna.[11] Cuando se le retó en la dimensión de su compromiso, fracasó optando por seguir de lejos al ser más importante de toda la historia humana.[12]

Aun más; la noche en que ese fuego frígido lo sorprendió, se encontraba sentado en compañía de los responsables del asesinato de Dios; el deicidio tomista. O sea, había fracasado en el examen de sus principios, echó en sacos rotos su entrenamiento, se rindió sin esperanza[13] y dejó que su corazón fuera presa del miedo a los hombres.[14] Él, otrora bravo y testarudo, se encontraba esa noche sin esperanza y víctima de sus acciones. Sus actitudes, decía para sí, eran en gran parte responsables de su desdicha y de la desdicha del mundo.

Frente a ese fuego decidió negar a Dios tres veces...

Su recuerdos lo llevaron a repasar las áreas en las que había fracasado. Había comenzado andando, desayunando, almorzando y cenando con Cristo. Había estado presente en todos los milagros que el Señor realizó entre nosotros; incluyendo la resurrección de varios muertos, la multiplicación de los panes y los peces. Aun más, con osadía se le permitió caminar sobre las aguas junto a Cristo. Pero esto no fue suficiente. El resumen de las áreas en las que había fracasado era este:

- Fidelidad.
- Integridad y fe.
- Aprender a confiar.
- Área de servicio.
- Discernimiento.
- Vida espiritual.
- Área de la templanza, la paciencia y el dominio propio.
- Perseverancia.
- Importancia del trabajo en equipo.
- Dimensión de su compromiso.
- Examen de sus principios.

Resultados:

- Se rindió sin esperanza.
- Fue presa del miedo.
- Negó a Cristo tres veces.

El segundo fuego... la restauración

Una llama amarilla se levantó abruptamente, interrumpiendo el discurso de sus pensamientos. Cuando intentó retomarlos se encontró que su mente lo había transportado a otro fuego.[15] Este era uno similar al anterior. Ambos eran significativos, ambos eran remedio contra el frío y giraban alrededor de la revelación más grande que Dios le ha mostrado al mundo. Hasta aquí los parecidos.

El primero había sido encendido de noche, el segundo de día. En el primero parecía no haber alimentos, en el segundo había un desayuno *gourmet* para todos. No solo eso, sino que él no lo había encendido y el que cocinaba en este fuego era otro; era el «cocinero» más singular que halla existido jamás. El primer fuego estaba matizado por la incertidumbre y la derrota, el segundo por la esperanza y la victoria. El primero se dejó colorear por la muerte y la tumba, el segundo destellaba ante la certeza de la resurrección y la vida eterna. En el primer fuego el sentimiento de culpa ahogó la esperanza, en el segundo el amor de Dios lo absolvió de culpa hasta en sus recuerdos, haciendo viva y rica la esperanza, sembrando en el corazón de este hombre mil y una razones para vivir. Desde entonces, el propósito de la vida no sería otro que vivir para Dios.

Este segundo fuego tuvo lugar a la orilla del mar de Galilea; justo en el contexto de las labores diarias del pescador convertido en apóstol.

Pedro había llegado hasta este segundo fuego siendo un hombre que se refugiaba en su trabajo cada vez que tenía problemas. Además, se sabía que por su personalidad recurría mucho a la manipulación. De hecho, hasta Cristo fue testigo de esto, cuando en un sin número de ocasiones el apóstol intentó manipular al Maestro para que no descendiera del Monte de la Transfiguración, que no fuera a Jerusalén o al Calvario. ¡Menuda agenda la de este pescador! Se comportaba como un adicto al trabajo; como alguien que intenta esconder un lastre de la niñez detrás de la hiperactividad. Al hacerlo, intentaba evitar tener que lidiar con ese monstruo interno. Pero el Cielo le había preparado una sorpresa; un fuego terapéutico para transformar su alma y su siquis.

Para llegar a este fuego se le probó en su fidelidad y en su fe, puesto que se le pidió que se lanzara a pescar, otra vez, luego de haber estado pescando toda la noche sin éxito alguno.

La prueba alcanzaba su capacidad para confiar. Se le retó en el área de servicio, pues una toalla similar a la que antes se había negado a aceptar, ahora la tenía que amarrar a su cintura para llegar nadando hasta donde estaba el Señor. Se le pidió servir hasta el sacrificio, pues desde allí se le pidió que sirviera con su vida. Se le probó en su integridad, pues habiendo negado a Jesús, se le solicitó que lo enfrentara cara a cara, ya resucitado. Se le probó en el área de su vida espiritual, pues se lo retó en la dimensión del amor. Se le probó en el área de la templanza, la paciencia y el dominio propio, pues se le preguntó lo mismo tres veces seguidas. Se le retó en el área del trabajo en equipo, pues se le presentó la oportunidad de preguntar por las bendiciones y la participación de otros. Se le presentó la oportunidad de validar sus compromisos, al pedirle que se echara al hombro los «corderos del rebaño», y se lo examinó en sus principios cuando se le pidió que dejara de ser suyo para ser de Cristo.

Interesante por demás es que en sus recuerdos parecía destacarse el alimento que comió esa mañana. Aquello que les sirvió de alimento en el segundo fuego se convertiría en símbolo por excelencia de esa gran confraternidad que ahora se diseminaba por todo el mundo conocido. Un pescado, que en griego se conoce como «ιχφυσ». Este nombre recoge un acrónimo muy antiguo:

I: Iesus (Jesús)
X: Jristos (Cristo)
φ: Theos (Dios)
υ: Uios (Hijo)
Σ: Sótero (Salvador)

Cristo Jesús le estaba dando como desayuno el testimonio más grande que haya existido jamás; Jesucristo es el Dios Hijo y Salvador. ¡Menudo alimento para desayunar!

El sacrificio por amor en la cruz le fue explicado tres veces. En cada una de ellas, dos dimensiones del amor chocaban una contra la otra. Tal vez fue él quien primero reflexionó acerca de las cinco dimensiones de amor que existen:

Epithumía: Amor en su sentido lujurioso y sensual.
Storge: El amor de los padres («El amor a un zapato viejo.»)
Eros: Amor egoísta («Amor que no comparte lo suyo: las dos camisas son mías.»)
Filial: Amor de hermanos («Amor que comparte lo suyo: toma una de las camisas.»)
Ágape: Amor de Dios («Amor que se desprende de lo suyo: toma las dos camisas.»[16])

> *«Verás, si ese hombre decide que las dos camisas son suyas y se niega a compartirlas con sus semejantes, entonces sus reacciones son un buen ejemplo del amor* eros. *Si en cambio, ante la necesidad de otro, decide compartir una de sus camisas, entonces podemos decir que ha sido tocado por el amor* filial. *Y si llegase la oportunidad de servir, y él decide que dará las dos camisas, sin egoísmo y arriesgándose a no tener nada, entonces este hombre es un buen exponente del amor* ágape.»

En mi libro *Sobre las alas del viento* reproduzco el encuentro y el diálogo entre Cristo y Pedro, enfatizando las dimensiones del amor, particularmente el clímax del amor redentor que llevó a Cristo al Calvario.

> *«El Resucitado se le había aparecido a Cefas; al más rudo de los apóstoles y al más renombrado de ellos. Se le apareció a aquél que necesitaba una "barrida" sicológica para eliminar de su siquis los efectos de la negación, la mentira y el falso juramento. En esa ocasión, el Resucitado se las arregló para descender al nivel del pescador testarudo. Del análisis del texto original que describe este encuentro (Juan 21.15-23), se desprende que las primeras dos veces que el Señor le pregunta acerca de su amor, le pregunta sobre el amor ágape:*
>
> *"Simón Ioánnou, ¿agapás mé pleon toutón?"*
> ["Simón hijo de Jonás, me amas?" (con amor ágape)]

Las primeras dos veces el apóstol responde acerca de un amor filial;

"Nai, Kyrie, su oídas oti filo"
[Sí, Señor, tu sabes que te quiero" (fileo)]

La tercera ocasión en que el Resucitado interpela al "hombre-piedra"[17] le pregunta de la siguiente manera:

"Simón Ioánnou, ¿fileis me?"
[Simón hijo de Jonás, ¿me quieres?][18]

Cefas se puso triste. Cualquiera de nosotros se hubiera entristecido. El Cristo Resucitado sabía muy bien que hay cosas que podía dejar para que fueran resueltas por el Espíritu Santo, pero había otras que necesitaban una atención inmediata; una sobredosis del amor que venció la muerte.»[19]

El resultado de esta confrontación bien podía ser resumido a base de las áreas en las que fue probado:

- Fidelidad.
- Integridad y fe.
- Aprender a confiar.
- Servicio.
- Discernimiento.
- Vida espiritual.
- Importancia del trabajo en equipo.
- Área de la templanza, la paciencia y el dominio propio.
- Dimensión de su compromiso.
- Examen de sus principios.

¿Qué faltaba en este examen? Faltaba el de la perseverancia, un área en la que el apóstol sería probado toda la vida. Cuando este apóstol enumeraba los resultados de este segundo examen, los resultados podían ser resumidos de la siguiente manera:

«Vivió con esperanza y sembrando esperanza.
Aún preso, no sintió miedo.
Jamás volvió a negar a Cristo»

¡Qué poderosa experiencia con el Resucitado! Una experiencia que quemó los recuerdos y las raíces de amargura, construyendo un nuevo hombre, capaz de enfrentar el mismo infierno en virtud de Aquél que tiene un Nombre sobre todo nombre. Desde entonces dejó de mirar en sus recuerdos con dolor, y comenzó a disfrutar la bendición de ver en cada uno de ellos los destellos divinos de la esperanza.

El tercer fuego... la visión

Este fuego lo sorprendió en la espera de la comisión. Una demostración del Espíritu Santo descendió del cielo, repartida en lenguas como de fuego.[20] Desde entonces, el apóstol comenzó con su misión.

Desde entonces, cada día volvería a ser probado en su fidelidad, en su integridad y fe, en su capacidad para confiar, en su servicio, en su discernimiento, en su vida espiritual, en la templanza, la paciencia y el dominio propio. También sería retado en su interpretación de la importancia del trabajo en equipo, la dimensión de su compromiso y el examen de sus principios.

Pedro culminó su peregrinaje terrenal dando su vida por Cristo. Él, que había comenzado andando, desayunando, almorzando y cenando con Cristo, descubrió que esto no era suficiente. Si bien había estado presente en todos los milagros que el Señor realizó entre nosotros, descubrió que su vida estaba incompleta. Aun las extraordinarias experiencias de la transfiguración y la de caminar sobre las aguas junto a Cristo habían resultado incompletas para transformar a este rudo pescador de Galilea.

Para lograrlo, Pedro necesitó una experiencia transformadora, una barrida sicológica, un reenfoque de la misión y del propósito en su vida. Lo pudo lograr. Y esa noche junto al fuego, lloraba de alegría ante tan extraordinario testimonio.

Desde entonces, el apóstol había recibido la visión y el poder de la unción de Dios, para explicar esa misión con señales de lo alto y con la vehemencia necesaria para convencer a un mundo multicultural y politeísta: el testimonio de su vida transformada por el Resucitado.

Capítulo 7

El texto bíblico

«HABÍA ENTONCES EN JOPE una discípula llamada Tabita, que traducido quiere decir, Dorcas. Esta abundaba en buenas obras y en limosnas que hacía. Y aconteció que en aquellos días enfermó y murió. Después de lavada, la pusieron en una sala. Y como Lida estaba cerca de Jope, los discípulos, oyendo que Pedro estaba allí, le enviaron dos hombres, a rogarle: No tardes en venir a nosotros. Levantándose entonces Pedro, fue con ellos; y cuando llegó, le llevaron a la sala, donde le rodearon todas las viudas, llorando y mostrando las túnicas y los vestidos que Dorcas hacía cuando estaba con ellas. Entonces, sacando a todos, Pedro se puso de rodillas y oró; y volviéndose al cuerpo, dijo: Tabita, levántate. Y ella abrió los ojos, y al ver a Pedro, se incorporó. Y él, dándole la mano, la levantó; entonces, llamando a los santos y a las viudas, la presentó viva. Esto fue notorio en toda Jope, y muchos creyeron en el Señor. Y aconteció que se quedó muchos días en Jope en casa de un cierto Simón, curtidor.»

—*Hechos 9.36-43*

Capítulo 8

Introducción

AL REPASAR MI VIDA, encuentro miles de cosas por las que debo dar gracias a Dios. Una de ellas es la cantidad de siervos y siervas brillantísimos que ha dispuesto en mi camino para ayudarme en este proceso de educarme para los retos de la familia y del ministerio. El saber que puedo contar con la sabiduría y el consejo a tiempo, (solicitado o no) de hombres como Samuel Pagán, Roberto A. Rivera, Carmen Sonia Zayas, Carmelo Terranova y Ramón Ayala Cuervo me hace sentir sumamente privilegiado, al mismo tiempo que redobla mi sentido de responsabilidad ética y ministerial.

Digo esto porque sería una torpeza de mi parte querer pretender o dar la impresión de que puedo cubrir en un capítulo todas las vertientes importantes que adornan el libro de los Hechos. Me consuela pensar que el lector puede comprender que este libro no tiene la intención de ser uno de estudios teológicos bíblicos, así como el saber que puedo, con toda libertad, dirigir la atención de los lectores a clásicos que algunos de mis amigos han escrito con devoción, excelencia y gran profundidad académica.

Dicho esto, permítame plasmar algunas pinceladas importantísimas para entender mejor el contexto en el que se desarrolla el pasaje que envuelve toda esta sección. El escritor de los volúmenes Lucas y Hechos produce esta obra de frente a una iglesia que busca cómo luchar contra el desánimo, producido por los choques contra los poderes existentes, sumados a la realidad de la desaparición paulatina de los testigos iniciales del ministerio de Jesús. Como ha dicho Justo González en su libro acerca de los Hechos: «Lucas responde con una doble obra. Su primera parte es un evangelio en el que se ve que Jesús, aunque no haya sido un revolucionario al estilo de los celotes, tuvo conflictos con las autoridades de su propio pueblo judío y con las del Imperio. La segunda parte muestra lo mismo con respecto a los primeros discípulos. Es por esto que Lucas se detiene a contarnos las confrontaciones entre los primeros discípulos y el Sanedrín, el martirio de Esteban, las varias comparecencias de Pablo ante las autoridades judías y romanas, el episodio del Aerópago en Atenas, y el modo en que los sabios de su tiempo se burlaban de Pablo a pesar de todos sus esfuerzos por presentarse ante ellos con toda su erudición. Los cristianos del tiempo de Lucas estaban pasando por experiencias semejantes, y el libro de Hechos tiene el propósito de fortalecerles y dirigirles en medio de tales conflictos.»[21]

En mi práctica ministerial he desarrollado la costumbre de llamar al libro de los Hechos de los Apóstoles con el nombre de «Los Hechos del Espíritu Santo». Me parece que este título responde mejor a las realidades que allí disfrutamos. Es un libro de testigos y, tal como dice Justo González, no se es testigo de una verdad ni de una idea sino de un hecho.[22] Los actores de este libro son testigos de los hechos que Dios hacía entre ellos en Cristo y en la presencia inequívoca del Espíritu Santo.

Es un libro en el que se nos pide que no miremos tanto el calendario escatológico y sí que nos concentremos en la misión. El reclamo de Cristo y el de los ángeles es el mismo. No nos podemos entretener mirando al Cielo; el que ha de venir vendrá y eso nadie lo puede evitar. El libro de los Hechos nos dice que no hay tiempo para entretenerse tratando de descifrar o entender los «kairos» (sazones, tiempos de Dios) y los «cronos» (tiempo humano). Es tiempo de testificar. Es el tiempo de subrayar nuestros compromisos con la visión y la misión.

Es un libro de alternativas organizacionales. Pero no se trata de organizaciones producidas al azar por el énfasis estadístico o numerológico. Las organizaciones del libro de los Hechos son del Espíritu, en las que éste se mueve con poder y ordena hasta los detalles más insignificantes. Aunque una parte de la academia ya no ve este libro como un puente entre las cartas y los evangelios, son notables las pistas que este libro nos ofrece para entender un poco mejor la teología apostólica (esencialmente la paulina). También nos refiere constantemente a la autoridad de Cristo en su Iglesia y a la comisión de los apóstoles.

Hechos es un libro inconcluso, porque el Espíritu Santo decidió que nosotros acabaríamos de completarlo con las gestiones de la Iglesia del último tiempo. El Señor de la Iglesia que se mueve en el libro de los Hechos, el Señor que llama a Saulo, es nuestro Señor. Es llamado Cristo por las iglesias del contexto de Lucas y Hechos, en el medio de una polémica entre sinagoga e iglesia, polémica que, a mi entender, el escritor intenta resolver plasmando una visión de pueblo de Dios y de comunidad de hombres y mujeres. Como ha dicho William Willimon en su comentario acerca de este libro, una clara alusión del Espíritu Santo a una de las luchas más serias que confrontamos hoy día.

Es también un libro en el que el liderato de la iglesia no se identifica tanto por lo que dice sino por lo que está dispuesto a hacer. Los líderes son testigos fieles. Y este concepto está cargado de connotaciones poderosísimas, ya que el término usado en Hechos es «marturéo», o sea, alguien que está dispuesto a testificar hasta el martirio.

Es un libro en el que el Espíritu Santo se hace sentir notablemente. Sus manifestaciones son polémicas, producen conversaciones en alta voz y dolor a las congregaciones, en la medida en que sus exigencias se hacen cada vez mas radicales «hasta lo último de la tierra». Este poder del Espíritu es poder para testificar, para proclamar que Cristo resucitó, que salva y sana, y que pronto regresará por su pueblo. El libro de los Hechos se afirma en que Cristo se paró sólidamente sobre el absoluto de que el derramamiento experimentado allí no podría detenerse. Este derramamiento tendría que venir sobre toda carne, y los creyentes fueron comisionados para facilitar y contagiar a la gente con esa verdad y ese poder divinos.

C.H. Dodd realizó un análisis muy completo de estas declaraciones. Muy pocos han logrado sintetizar los elementos de esa proclamación (kerygma) como él lo ha hecho. He aquí un pequeño resumen de los puntos centrales según ese magistral trabajo:

- La era del cumplimiento del establecimiento del Reino de Dios ha llegado.
- Esta venida ha ocurrido a través del ministerio, la muerte y la resurrección del Señor Jesús.
- Por virtud de su resurrección, Jesús ha sido exaltado a la diestra del Padre; es el Mesías esperado por Israel.
- El Espíritu Santo en la Iglesia es la señal de la presencia, el poder y la gloria de Cristo en su Iglesia.
- La era mesiánica llegará a su consumación con la segunda venida de Cristo en gloria.
- El perdón de pecados, el Espíritu Santo y la salvación vienen al ser humano mediante el arrepentimiento.[23]

Estos detalles nos obligan a realizar muchas preguntas acerca de nuestro mensaje como creyentes de este tiempo, sobre el contenido de ese mensaje, sobre nuestros compromisos con el Señor de la Iglesia y nuestro entendimiento de la visión y de la misión de la que somos responsables.

Me preocupa el hecho de que el último tiempo ha proyectado una iglesia que carece de profundidad bíblica en muchas de sus ejecutorias. Adolece de continuidad en sus compromisos y se entretiene demasiado en detalles superficiales de la tarea. Una iglesia que demuestra ambivalencia, cuando una parte minúscula de ella está dispuesta a sacrificios que la mayoría se limita a observar como acciones románticas de unos pocos.

Permítame cualificar estas expresiones. Hasta hace muy pocos lustros, el mundo fue sorprendido con predicadores que tenían talla y contenido bíblico cristocéntrico en sus mensajes. Hombres como Charles H. Spurgeon, que eran capaces de hacer que la gente se convirtiera a Cristo mientras realizaban pruebas de sonido en los edificios en los que predicarían más adelante. Hombres como Harry Emmerson Fodssick y Billy Graham, con mensajes poderosos, complicados o sencillos, pero llenos de contenido bíblico. En fin, centenares de hombres y mujeres comprometidos con el mensaje de la Cruz y no con los embelecos programáticos e intereses corporativos de muchos predicadores y maestros de hoy día.

Algunas preguntas nos permitirían pasar revista de esto que estoy diciendo. ¿Hay convicción en nuestro mensaje? ¿Podemos afirmar que los predicadores de hoy creen en lo que predican, o más bien estamos contemplando demostraciones artísticas de sermones arreglados a las exigencias de algunos sectores de la Iglesia? Recordemos que es cierto que el Evangelio ha sido propuesto sobre las bases de una combinación equilibrada entre lo que son sus reclamos espirituales y lo de acción social. Pero no es menos cierto que el contenido evangélico no puede estar en juego en ningún momento.

En mis clases de Homilética planteo la tesis de Richard Owens Roberts acerca de los tres tipos de sermones que existen:

De la boca al oído

Es un sermón que busca, selecciona y organiza las palabras de forma artística. Esos sermones son hermosísimos, pero regularmente allí termina su función: ser hermosos.

De la boca a la mente

Un sermón que intenta hablar a la mente de los que escuchan; estimular los pensamientos y hacer pensar al que escucha.

Del alma al alma

Un sermón que requiere que aquél que lo proclama haya sacado tiempo para preparar su alma, que esté comprometido con el Evangelio y tenga una visión cristocéntrica de este.

Las congregaciones que lean esto estarán de acuerdo conmigo en que no he planteado nada nuevo. Y seguimos llamando ministros y pastores para que prediquen bien la Palabra. Las razones que me llevan a formular nuevamente estos planteamientos es que, como Iglesia, seguimos insistiendo en definir «bien» a base de nuestros intereses personales y comunitarios, y no necesariamente con los criterios que esboza la Palabra Santa.

Un modelo excelso de predicador y de predicación que nos regala el libro de los Hechos es el de Esteban; el famoso «Estéfanos» (significa *corona*) que se convierte en mártir del Evangelio. Con su predicación y testimonio de fidelidad hasta la muerte, se encarga de hacernos saber por qué es digno de ser llamado «corona». Aquellos que llevan la corona sobre su cabeza generalmente observan el siguiente comportamiento:

Caminan erguidos.
Son reservados.
Son correctos.
Se manejan con majestad y clase.
Tienen poder y autoridad.
Infunden respeto.
No se esconden.
Procuran asumir responsabilidad con la posición.

Humildemente, espero que los lectores le saquen partido a todas las metáforas que pueden emanar de estos conceptos y los apliquen a sus predicaciones. La iglesia de hoy necesita de muchos «estébanes»; gente dispuesta a vivir como «coronas» reales.

Además, el testimonio de Esteban nos pasea alrededor de detalles excepcionales que parecen repetirse en casi todos los predicadores y ministros del libro de los Hechos. Su nombre es griego, por lo que podemos inferir que al ser seleccionado por el Espíritu Santo para atender las mesas de las viudas de los gentiles se lo seleccionaba por la forma y manera en las que había demostrado que su visión había sido amplificada por ese contexto multicultural. Entendamos esto muy bien: esta influencia helénica, entre otras cosas, predicaba el rompimiento con la visión legalista, con el exclusivismo y las visiones mezquinas.

Es que el Evangelio que se predica en Hechos es amplio. Para esto Dios tiene que valerse de mentes frescas y poderosas cuando las existentes vacilan. Ejemplo de esto lo son Pablo, Apolos, Lucas, Timoteo, quienes aparecen en escena cuando los «pedros y juanes» tienen problemas para entender cabalmente el plan de Dios.

La condición problemática de la Iglesia naciente no era el intento de un sincretismo doctrinal. Tampoco se podía resolver su dilema intentado simplificar estos bajo el alegato de que sus problemas eran de índole racional. La iglesia naciente sabía que ante su visión inicial judaizante, su extensión sería una problemática. Pero representaba un reto aun mayor saber que no se podía permitir que ese crecimiento desenfocara a la Iglesia del cristocentrismo que se les había comisionado. Esteban es parte de las extensiones que mantienen y conservan el control de calidad del mensaje. Una realidad que necesitamos vivir en un tiempo en el que la diversidad y el crecimiento amenazan el cristocentrismo de la Iglesia.

Las características de Esteban continúan siendo un reto para la iglesia de todas las generaciones. Él tenía buen testimonio, estaba lleno del Espíritu y de sabiduría (Hechos 6.3). Su visión era clara, puesto que conocía su misión (Hechos 6.2-4). También estaba lleno de gracia y del poder de Dios (Hechos 6.8). Su rostro era como el de un ángel (Hechos 6.15), sus ojos estaban puestos en el Cielo (Hechos 7.55) y aun cerca de la muerte estaba lleno del Espíritu Santo, al punto de interceder en favor de sus asesinos. ¡Excelentes cualidades para un predicador del Evangelio! Su mensaje, aunque corto, ha trascendido los siglos y las generaciones.

El reto del libro de los Hechos del Espíritu Santo sigue vigente para la Iglesia de este tiempo, que cada día necesita validar su compromiso con el testimonio y con la comisión.

Pidamos a Dios que levante entre nosotros otros como Esteban, y que estos, al ser llamados por Dios, no sean rebeldes a la visión y al llamado celestial.

Capítulo 9

El análisis

El fin de la historia: la misión

PARA ACEPTAR LA MISIÓN había que aceptar el riesgo. Había que liberarse de la inacción y levantarse de los fuegos a fin de llevar el fuego a otro lugar. Había que ser capaz de discernir los obstáculos mientras se vertían compromisos con el servicio, la integridad y la fe. Había que poner en acción la confianza en los planes de Dios y en el Dios de los planes. Había que ser capaz de poner en práctica la prioridad de los elementos que nutren la vida espiritual y confiar que el equipo (compuesto por él y esos dos desconocidos) era el equipo de Dios para el milagro de esa jornada.

El reclamo de esos dos enviados a buscar a Pedro también tipifica los reclamos que nos está haciendo el mundo. Nuestras ciudades y nuestros campos están reclamando a la Iglesia del Señor que haga algo a favor de los moribundos espirituales y emocionales que tenemos. Reclaman que la iglesia haga algo en favor de los matrimonios que mueren y de las familias que sucumben. Están enviando mensajeros, pidiendo nuestra intervención en favor de las ciudades que mueren atestadas de crímenes, burocracia, religiosidad, política y enfermedades de transmisión sexual. Hay que aceptar el reto y asumir los riesgos.

Estoy convencido de que este reto sólo puede ser aceptado por gente que esté sana en su alma y en su espíritu. Como dice mi hermano y amigo Carmelo Terranova, gente que crea en la salvación porque han sido salvados, que crean en los cambios porque han sido cambiados, que crean en la sanidad porque han sido sanados y que crean en la liberación porque han sido liberados.

Al llegar a Jope sucedió algo extraordinario. Una multitud esperaba al pescador en los alrededores de la casa en la que se encontraba la difunta. De alguna manera, los amigos de la casa parecían habérselas arreglado para que el cuerpo resistiera los embates de la descomposición hasta que llegara aquél a quien esperaban con tanto afán.

Cuando el apóstol llegó descubrió que el problema no estaba afuera sino en el interior del edificio. La versión griega del Nuevo Testamento nos dice que la comunidad de creyentes estaba junto a la difunta en el «uperom» de la casa; o sea en el aposento alto. Para el apóstol la paradoja era una insuperable. Para él, el aposento alto era sinónimo de la Cena del Señor y del recibimiento del Espíritu Santo prometido. Ahora, una congregación de creyentes había insistido en transformar la sublimidad y majestuosidad de esa imagen en una de llanto y hedor a muerte.

Pido permiso al lector para utilizar unos cuantos puertorriqueñismos, conceptos que sé muy bien serán considerados por mis hermanos latinoamericanos como barabarismos y atentados al lenguaje. Es que no se me ocurre otra forma para explicar este asunto de tener muertos en el aposento alto, sino utilizando la forma pasional y temperamental que destila nuestra sangre caribeña.

Para entenderlo mejor, invito al lector a reflexionar sobre el remolino de pasiones que debe estar circulando alrededor de la mente de Pedro, cuando se da cuenta del uso que se le da a uno de los símbolos litúrgicos más preciados: el lugar-espacio que se identifica con la sublimidad de la Cena Santa y con la autoridad del derramamiento del Espíritu en Pentecostés. Todos los aposentos altos son relacionados por la iglesia con estos dos eventos sensacionales.

Pedro sabe muy bien que al primer aposento alto, él no asistió muy creyente que digamos. Allí juró, prometió y aseguró que sería fiel, y el resultado fue que uno de los muertos de ese aposento era él. Había incurrido en desacato según el tribunal de los principios de fidelidad y el compromiso. No obstante esto, el recuerdo de ese aposento, el del cenáculo con el Señor, era de resurrección, pues allí se instituyó el memorial que nos recuerda que, aunque estemos muertos en nuestros delitos y pecados, en nuestra falta de compromiso o de integridad, hay alternativa para nosotros en el cuerpo sacrificado y la sangre derramada por nosotros en la Cruz del Calvario. Desde ese punto de vista, ese aposento es de Vida y esperanza.

Al segundo aposento él llegó con muchas expectativas personales y preguntas a granel. Todas y cada una de ellas murieron cuando el Espíritu mató al Pedro viejo para generar a un Pedro nuevo, capaz de someterse a la voluntad de Dios aunque no le gustara o no la entendiera. Desde ese instante, ese aposento se convirtió en sinónimo de regeneración, capacitación, comisión, unción, misión y autoridad. ¡Sí que había y sigue habiendo esperanza en ese aposento!

Ahora, de buenas a primeras, resulta que una congregación costera se las ha arreglado para convertir a un aposento en un lugar para el velatorio de muertos, para considerar muertos, para llorar muertos y anquilosar el trabajo y la misión asignada. No sé si el lector se puede dar cuenta de que ya se me está acelerando la sangre caribeña. Es que me parece que las comparaciones y los parecidos con la Iglesia de hoy día son demasiado obvias.

Existen muchos «muertos» en los aposentos altos. He aquí algunos de ellos:

- El dogmatismo religioso.
- Los estilos litúrgicos.
- Los reglamentos y las constituciones.
- Las burocracias denominacionales.
- Los elefantes blancos.
- La miopía espiritual.

El dogmatismo religioso

El concepto dógma («dogma») significa básicamente una opinión expresada con autoridad, un juicio, una ordenanza o un decreto. Me parece que es lógico pensar que cuando un cuerpo eclesiástico decide que hay que respetar, obedecer y validar sus dogmas, abre espacio para que uno concluya que están gobernando a través de decretos, de opiniones vertidas con autoridad, de juicios. Me parece que ninguna de las acepciones reviste de elegancia a quienes las implementan. Gobernar por decreto es sinónimo de autocracia, despotismo y temor a perder poder.

Para entenderlo mejor, veamos algunos ejemplos que nos proveen las Escrituras Sagradas. La Biblia dice que fue un dogma lo que emitió Augusto César para que se realizara el censo (Lucas 2.1). La Biblia señala que eran dogmas los que Pablo, Bernabé, Judas, Timoteo y Silas comunicaron de parte de los apóstoles a los pueblos de Derbe, Listra, Antioquía de Pisidia e Iconio (Hechos 16.4). Leamos el texto de este «dogmata» para llegar a algunas conclusiones (Hechos 15.23-29):

> *«...y con ellos mandaron la siguiente carta: "Nosotros los apóstoles y los ancianos hermanos de ustedes saludamos a nuestros hermanos que no son judíos y que viven en Antioquía, Siria y Cilicia. Hemos sabido que algunas personas han ido de aquí sin nuestra autorización, y que los han molestado a ustedes con sus palabras, y los han confundido. Por eso, de común acuerdo, nos ha parecido bien nombrar a algunos de entre nosotros para que vayan a verlos a ustedes junto con nuestros muy queridos hermanos Bernabé y Pablo, quienes han puesto sus vidas en peligro por la causa de nuestro Señor Jesucristo. Así que les enviamos a Judas y a Silas: ellos hablarán personalmente con ustedes para explicarles todo esto. Pues ha parecido bien al Espíritu Santo y a nosotros no imponer sobre ustedes ninguna carga aparte de estas cosas necesarias: que no coman carne de animales ofrecidos en sacrificio a los ídolos, que no coman sangre ni carne de animales estrangulados y que eviten los matrimonios prohibidos. Si se guardan de estas cosas, actuarán correctamente.»*
>
> —HECHOS 15.23-29 (DHH)

A todas luces este documento es uno aleccionador. Ciertamente describe en detalle unas instrucciones básicas, pero estas se dan en el contexto liberador: esto es, quitarles cargas a las congregaciones.

La Biblia continúa diciendo que las turbas que llevaron arrastrado ante las autoridades a Jasón —por predicar el Evangelio y recibir en su casa a los apóstoles (Hechos 17.5-7)— lo acusaron de haber violado los «dogmas» del emperador.

En otra ocasión la Biblia utiliza el término dogma otra vez, cuando identifica que Cristo abolió y puso fin a aquellos «dogmas» que separaban a los judíos de los no judíos, parar crear un hombre nuevo a través de su sacrificio en la cruz (Efesios 2.15). También se utiliza este concepto para describir el documento que fue clavado simbólicamente en la cruz; Cristo anuló esos «dogmas» que había contra nosotros y que representaban nuestra deuda (Colosenses 2.14).

Cuando analizamos la historia de la Iglesia podemos comprobar que ha atravesado por épocas de graves dificultades para el entendimiento y el cumplimiento de la misión. Algunos especialistas las han definido como eras en las que los dogmas y las dudas estaban a la orden del día. Un buen ejemplo de esto lo obtenemos al analizar el trabajo que nos ofrece el Dr. Justo González sobre su interpretación del período de tiempo comprendido entre la Guerra de los 30 años (1618-1648) y los albores del Gran Despertar en Nueva Inglaterra (inicio del siglo XVIII); en el tomo 8 de su serie sobre historia del cristianismo: *La era de los dogmas y las dudas*. En ese libro el Dr. González nos ofrece la siguiente declaración: «Aunque convencidos de que proponían y defendían las doctrinas de los antiguos reformadores, su teología carecía de la vibrante frescura de un Lutero, un Calvino o un Loyola. Cada vez más, su estilo se iba tornando rígido, académico y frío. Su propósito, más que mostrarse abiertos a la Palabra de Dios, fue sostener y defender lo que otros antes habían propuesto. El dogma vino a ocupar el lugar de la fe viva y la ortodoxia pareció tomar el de la claridad. De ahí los dogmas que se contrapusieron a las dudas de la época, y que dieron lugar a ortodoxias rígidas tanto entre católicos como entre luteranos y reformados.»[24]

La iglesia actual atraviesa un período similar, de luchas con el entendimiento de su visión y de su misión, con la variante de que estas luchas surgen simultáneamente con un avivamiento imposible de explicar. Es entonces un período fértil para conferir carácter doctrinal a muchas decisiones, opiniones y aplicaciones puramente humanas: dogmáticas. Son opiniones y decretos de líderes que parecen tener temor de perder «sus fincas». Estas decisiones han conseguido asesinar el espíritu de muchos ministerios. Nos ensimismamos en defender filosofías personalistas con un pobre contenido teológico, con tal de defender «lo que siempre ha sido hecho así». Perdemos de vista que nuestro Dios mantiene la práctica de que su pueblo se mantenga actualizado; una buena aplicación del avivamiento de la obra de Dios en medio de los tiempos. Los dogmas están asesinando la fe de muchos, cortando las alas de la Iglesia. Una iglesia que entiende bien sus doctrinas, zozobra ante el dogmatismo de gente sin visión que es capaz de sacrificar el Sinaí humeante con tal de mantener sus becerros de oro.

No crea el lector que estas definiciones atañen solamente a las iglesias y denominaciones. Hemos observado con tristeza muchos movimientos de avanzada, cayendo en la trampa de pivotar en sus teologías hacia posiciones dogmáticas sin sentido, y recurriendo a las imposiciones para validar sus presupuestos teológicos. Varias frases utilizadas por ellos accionan mi discernimiento y me colocan en alerta. Veamos algunas de ellas:

- «Aquellos que se nieguen a hacer lo que se les dice desde este púlpito tendrán graves problemas con el Señor.»
- «A nosotros (es decir, a mí) Dios nos ha dado una visión que es única...»
- «Quienes se van no hacen falta; nunca pertenecieron a este movimiento del Espíritu que no es para todo el mundo, sino que es especial...»
- «Hay que buscar una unción especial que Dios tiene

para algunos escogidos y que no todo el mundo la puede entender...»

- «Dios me ha revelado que esta es la forma de hacer estas cosas en los últimos tiempos...»

¿Le suenan familiares? Lo invito a tener mucho cuidado y estudiar con profundidad y gran discernimiento a los «atrevidos» que osan hacer declaraciones de este tipo. Casi siempre, en vías de mantener su hegemonía, serán capaces de disfrazar de santidad, espiritualidad y «fresca unción» aquello que es simplemente un dogma frío (recalentado), rígido y manipulador. O sea, que hay dogmatismo en esas visiones arcaicas que prefieren mantener el *status quo* de algunas organizaciones, en lugar de enfrentar la renovación y los cambios en modelos que no responden a las necesidades y urgencias de este tiempo. Pero también hay dogmatismo en los movimientos seudovanguardistas que intentan ocultar la realidad de los cultos a la personalidad que fomentan, a base de establecer nuevos órdenes, decretos y juicios para la iglesia del Señor. En el lenguaje del muy amado pastor puertorriqueño, Rdo. Moisés Román, diríamos que «adorar al Calvario por cualquiera de los extremos, siempre nos lleva a adorar a uno de los ladrones.»

Para aquellos que se preguntan cuáles son los efectos netos de esta visión dogmática, permítame compartir algunas expresiones de un reconocido estudioso anglosajón, que por razón de la limitación idiomática ha tenido poca exposición entre los hispanos. Su nombre es Walter Brueggemann, y las siguientes opiniones son traducciones libres que he extractado de algunos de sus escritos:

> *«Es mi opinión que en las batallas fraudulentas y contraproducentes que se dan en la Iglesia entre los "liberales" y los "conservadores" en general, se ha perdido el poder dramático del texto (Biblia). En su lugar, han llegado las equivocadas lecturas liberales que inclinan a la Iglesia hacia el individualismo expresivo o la propensión conservadora hacia la conformidad legalista, lo que a la postre resulta*

ser un aliado característico de los mercados políticos y económicos.»

....

«La evangelización es, en la actualidad, una preocupación apasionada en las iglesias de Estados Unidos. Este acento en la evangelización es sin duda la reflexión de la crisis que enfrenta la Iglesia. En la superficie encontramos un empuje hacia la supervivencia, mientras las iglesias continentales se dan cuenta de que sus membresías disminuyen, disminuyen sus dólares y se erosiona su influencia e importancia. Debajo de esa agenda superficial, existe entre nosotros una conciencia creciente de la resistencia de nuestra cultura a los reclamos prioritarios que realiza el Evangelio. Esa resistencia toma la forma del secularismo y, con frecuencia, evoca como respuesta un legalismo temerario. Está claro que el poder del secularismo es finalmente destructivo, y que la reacción del legalismo no provee respuestas adecuadas o soluciones de parte de la Iglesia.
Debajo de esa conciencia creciente de la hostilidad hacia el Evangelio encontramos las noticias sencillas del mismo Evangelio que proveen el ímpetu misionero para compartir esas noticias con una sociedad hambrienta de escuchar buenas nuevas.»

....

«Tengo que asumir que los textos bíblicos no son un manual de doctrina y moralidad, como casi siempre entendemos, pero tampoco un simple documento histórico, como desearían que estos fueran. Por el contrario, el texto bíblico es la articulación de modelos imaginativos de la realidad en el que son invitad~~os a participar~~ los usuarios de los textos, esto es, los lectores en las iglesias y las sinagogas. Estos textos continúan vivos e invitacionales, porque se resisten a permanecer "allá detrás", y siempre están insistiendo en ser "tiempo presente" y contemporáneo.»[25]

Me parece que es vital confrontar a la iglesia hispana de los Estados Unidos con esta realidad. Mientras los demás países del mundo crecen en el Evangelio a ritmos extraordinarios, nuestras iglesias hispanas parecen haberse contagiado el mismo mal de muchas de las históricas anglosajonas y nuestros informes acusan de un estancamiento y hasta de decrecimiento en muchas áreas. Lo que necesitamos es, entonces, una renovación absoluta de nuestros modos de operación para que en el nombre del Señor rompamos con las costumbres humanas y comencemos a ver la gloria de Dios.

Los estilos litúrgicos

Los dolores de cabeza que este «muerto» ha causado han logrado que la iglesia se convierta en el hazmerreír de muchos programas de televisión secular. Me parece que muy pocos teólogos modernos han podido expresar la naturaleza de este «muerto» mejor que nuestro amado hermano Marcos Vidal. Este español extraordinariamente sencillo y humilde (¡quiera el Señor enviarnos algunos más así!) compuso un himno en el que protesta que antes nos ocupábamos por hacer algo que nos permitiera morir en el Circo Romano, mientras ahora discutimos si debemos o no alzar las manos. Nuestras interpretaciones de un dios mezquino que sólo se puede contentar al recibir cierto tipo de adoración y de alabanza contrastan mucho con las visiones del Dios de los cielos que se manifestaba en el silbo apacible y en el terremoto, en el fuego y el en el viento, en el coro de millones de millones de ángeles, y en la simple canción de una mujer postrada frente a un altar.

En julio de 1996 estuve en Atlanta, previo a los Juegos Olímpicos de verano. Miles y miles de jóvenes de todas las edades se acercaron a un campamento de cristianos, procedentes de ochenta y cinco países del mundo. Eran cristianos genuinos, convocados a adiestrarse para predicar el Evangelio en la mayoría de los idiomas y dialectos existentes en el Planeta. Todos los presentes creían en la salvación por la sangre de Cristo, en la resurrección del Señor, en su regreso glorioso, en la Trinidad, en el Espíritu Santo y en la vida eterna. Pero era muy impresionante que cuando se hacía el llamado a la adoración, los hermanos que habían venido de Corea se tiraban al suelo con la frente en la tierra, mientras que los de Kenya comenzaban a dar grandes saltos, con sus puños cerrados pegados a los muslos. Al mismo tiempo, se observaba que los suizos juntaban sus manos y las acercaban mucho a su cara. Los aborígenes australianos y los de las islas del Pacífico comenzaban a tocar sus tambores y a danzar para el Señor. ¿Los hispanos? Levantaban las manos, batiéndolas al Señor, de rodillas en silencio o gritando en alta voz. En fin, todos los presentes tenían su propia manera de expresar su alabanza a Dios. Y estoy seguro de que Dios los escuchaba y se gozaba con todos.

¿Cómo es posible esto, si somos tan distintos? Es sencillo; así será en el Cielo. Los presentes en ese encuentro decidimos sacar «el muerto» de nuestros rigurosos entendimientos acerca de los órdenes litúrgicos y de adoración, para gozarnos en un pequeño anticipo del Cielo.

Todo lo que es contrario a esto produce hedor a «muerte» en el aposento alto, y profana el perfume de la dulce presencia de Dios en su pueblo.

Los reglamentos y las constituciones

Hace algunos meses, un gran hermano y amigo, Che Juan García, presidente y fundador de Hogares Crea Inc. (Casa de Reeducación de Adictos), me explicó su definición de un camello: «Un camello es un caballo creado por un comité.»

Che Juan tiene mucha razón, pero antes de explicarle por qué, permítame ordenar mis razonamientos. Mi educación académica y mi entrenamiento profesional me enseñaron a vivir apegado a procedimientos estandarizados de operación, teniendo en cuenta las especificaciones para la manufactura de los productos farmacéuticos en compañías norteamericanas. Dicho de otra forma, aprendí a «amar» la documentación y el orden. Utilizando las palabras que usé para explicarle esto al mayor de mis hijos, la manufactura de productos intravenosos o parenterales requiere que los empleados que intervienen en la manufactura se vistan con uniformes que son una mezcla de los usados por los cirujanos y los astronautas. El propósito es uno solo: proteger al producto de la contaminación de los seres humanos. Estos procesos requieren orden extremo y documentaciones inimaginables.

Ambos, procesos y documentaciones, son absolutamente necesarias e incuestionables. Sólo pueden abolirse si son sustituidos por ediciones revisadas y mejoradas.

Dicho esto, permítame regresar al «caballo hecho por un comité». La iglesia de esta generación ha logrado ahogar con reglamentos, constituciones y documentos al pobre camello y lo exhibe como un trofeo de guerra en el aposento alto. Entre los anacronismos y las paradojas que se producen con reglas y documentos, hemos logrado asfixiar a muchos ministerios genuinos, mientras validamos la presencia y la permanencia de seudoministros que no pueden distinguir entre la voz de Dios y la voz de sus intereses políticos, económicos y/o personales.

Los documentos se producen para servir al pueblo y no al revés. En el momento en el que descubrimos —o nos enfrentamos— a la dolorosa realidad de que un documento aniquila la visión y la misión de la Iglesia, ¿cómo es posible que haya gente haciendo lo imposible por perpetuarlos, negándose a entender que pueden existir otras formas de acercarse a los entendimientos y las soluciones de los problemas que enfrentamos como Iglesia? Y no es que las constituciones y los reglamentos sean dañinos o innecesarios. ¡Claro que son necesarios! No obstante, se debe saber que estos documentos no deben perpetuarse ni venerarse, sin buscar la necesaria actualización de los mismos, atemperándolos a las realidades que enfrentemos como pueblo de Dios. Hasta la iglesia del primer siglo tuvo que hacerlo; basta con examinar la crisis de sólo tener una mentalidad con espacio para los judaizantes, y luego tener que aceptar la inclusión de los gentiles sin capacidad de obligarlos a judaizar.

La iglesia de esta generación gusta de reaccionar a estas críticas diciendo que quienes las formulamos somos un tanto anarquistas. Diré dos cosas a favor de estos hermanos. La iglesia cristiana es, básicamente, dogmática. Somos, nos gustes o no, el producto de los dogmas implementados por nuestras generaciones anteriores. En segundo lugar, los dogmas han rendido un servicio y una función cualitativa en un sinnúmero de ocasiones. Ahora permítame escribir algo que no es menos cierto: me parece que acusar de anarquismo a los que fustigamos y criticamos los dogmas es también una respuesta arrancada de la desesperación, al saber que no hay defensas posibles ante las crisis que sufrimos y la pobre efectividad que presentamos ante ellas, debido a las limitaciones que producen muchos de estos documentos. Es cierto que, tal vez, la Iglesia no deba funcionar sin ellos, pero no se puede morir *por* ellos.

Las burocracias denominacionales

Hay denominaciones que necesitan de ocho a diez años para reaccionar efectivamente a los reclamos de las comunidades a las que sirven y al clamor de las congregaciones que son su razón de ser. Casi todas las grandes respuestas a los sigilosos pero efectivos avances que realiza la maldad y la desintegración comunitaria entre ellos, es respondida con la creación de un «comité de estudio» que procederá a realizar una investigación en la que, muy probablemente, se designen las primeras seis o siete reuniones a identificar si se usa o no lenguaje inclusivo, si la representación denominacional está o no balanceada, si se están respetando los postulados básicos de la visión eclesiástica denominacional, ¡y si el lugar y la hora de reunión deben seguir siendo los mismos...!

Usualmente, cuando estos comités regresan a presentar sus informes, o la gente no sabe muy bien de qué trata el tema que discuten, o lo que ellos puedan decir al respecto ya ha perdido relevancia. Mientras esto pasa, los pacientes de SIDA no tienen lugares para pasar su etapa terminal, las madres adolescentes carecen cada vez más de lugares de orientación y refugio, los miembros de las familias alcohólicas se siguen ahogando en desesperación y desasosiego, y las escuelas continúan informando sobre el aumento en las deserciones. Definitivamente, hay un «muerto» en el aposento alto, y las «viudas» están llorando.

Los elefantes blancos

Nos encanta perpetuar a nuestros líderes en las mismas posiciones, y con ellos a sus estilos y filosofías de trabajo. Nos encanta desarrollar proyectos de gran envergadura, que luego no podemos mantener adecuadamente. Nos encanta construir facilidades impresionantes, para las que no proveemos planes para el mantenimiento continuado posterior.

Me parece que una situación similar le acontecerá a muchos de los esfuerzos que la Iglesia realiza en la red Internet. Por lo novedoso de las ideas y del campo de las comunicaciones, nos ha fascinado colocar nuestros ministerios allí. Pero lo estamos llevando a cabo sin antes hacer las asignaciones para responder a preguntas sobre quiénes en la organización se encargarán de actualizar ese sistema según sea necesario, quiénes responderán a las requisiciones de información constante que requerirán los usuarios a través de la Internet, es decir, el público que acceda a nuestras «ciberpáginas», así como quiénes se encargarán de producir los ingresos necesarios para el mantenimiento de los sistemas tangibles e intangibles.

Nos fascina desarrollar muchas actividades, pero no nos molestamos en desarrollar un plan de trabajo que especifique los objetivos de esas actividades, las metas que se persiguen, las personas responsables, los instrumentos de medición y evaluación de las mismas y el alcance esperado de ellas. Nos pasamos la vida creando elefantes blancos en la iglesia del Señor, para luego dejarlos morir y exhibirlos en el aposento alto como monumentos a la necedad y al desatino.

La miopía espiritual

La iglesia de hoy en día está en la palestra pública, con un nivel de exposición jamás soñado. Este nivel de exposición nos obliga a entender con claridad nuestras responsabilidades. Suplico al lector que me permita clarificar los conceptos y las palabras que utilicé en la oración anterior. En el lenguaje neotestamentario existen muchos términos que se pueden traducir como «entender». He aquí algunos de ellos: «suneimi», que literalmente se refiere a la reunión de nuestra percepción con aquello de dónde y qué percibimos. Otro término es «noeo», que es la percepción que se obtiene con la mente en lugar de los sentimientos. Los últimos dos términos son «ginosko», que significa *conocer*, y «punthanomai», que literalmente significa *inquirir*.

Con base en esto, cuando señalo que la Iglesia está obligada a *entender* con claridad sus responsabilidades estoy diciendo que está llamada a reunir sus percepciones de la realidad que vive junto a la realidad misma que provoca su percepción. Separar uno de lo otro es una actitud irresponsable. En otras palabras, no son correctas las soluciones internas a problemas externos sin el debido estudio nuestro a situaciones ajenas. Esto pica y se extiende.

Entender también significa percibir sin emocionalismos, conocer e inquirir hasta tener un cuadro claro y completo de aquello en lo que Dios y nuestro entorno nos encuentran responsables. De hecho, en el mundo jurisprudencial y legislativo la exigencia al testigo es que sea capaz de percibir, recordar y declarar con exactitud. Los creyentes somos testigos del Reino de Dios y de su Evangelio.

Estoy convencido de que recientemente hemos caído en la trampa de querer espiritualizar todas las cosas. Mucha gente ha llegado a la conclusión de que todas las cosas se resuelven orando. Estoy convencido de que sin oración, nada se puede hacer, pero la oración tiene que estar acompañada de otras cosas.

Veamos un ejemplo de esto. ¿No le parece al lector que cuando una familia de la iglesia confronta problemas de alcoholismo, abuso sexual infantil y/o violencia doméstica, debemos hacer algo más que simplemente orar? ¿Cree el lector que la ola de embarazos en adolescentes que está afectando a gran parte de las iglesias de toda América se resuelve con campañas de oración y nada más? ¿Piensa el lector que los descensos alarmantes en las asistencias a las escuelas bíblicas y estudios de la Santa Palabra son problemas minúsculos, mientras que los cultos de adoración y alabanza continúan muy concurridos? ¿Cree que los pobres niveles de rendimiento escolar, los alarmantes índices de ingreso en exámenes para universidades y los porcentajes cada vez menores de jóvenes cristianos asistiendo y completando estudios universitarios pueden ser enfrentados tan solo con oración?

Aunque sé que los lectores han entendido estas preguntas,

y que conocen muy bien las respuestas, permítame clarificar la última interrogante. Es un secreto a voces que la iglesia hispana de Norte y Centroamérica se encuentra atravesando por una crisis de educación. Se ha determinado que las comunidades hispanas de las áreas este y oeste de Estados Unidos se encuentran ante la realidad de que sólo el 50% de los estudiantes que comienzan la escuela secundaria la terminan. Esto se refiere a los estudiantes de las comunidades hispanas en Nueva York, Hartford, New Haven, Boston, Los Ángeles, San Francisco y San Diego. La otra mitad se convierte en desertores escolares. Es igualmente frustrante saber que de aquellos que completan sus estudios de escuela secundaria, sólo el 5% es aceptado en las universidades. ¿Soporta un detalle más? Nuestras fuentes informan que durante los últimos siete años, solo el 0.5% de los aceptados a las universidades en esas comunidades han completado sus estudios universitarios.

La iglesia hispana de estos sectores no vive ajena a los dolores que representan estas realidades. Es más, si persistimos en mantenernos miopes, los próximos veinte años (si Cristo no viene antes), nos verán producir una iglesia de gente incapacitada para afectar positivamente las comunidades en las que vivimos, dándole alas a aquellos que patrocinan el atropello y la discriminación, con una iglesia sin herramientas para producir en la misión que se nos ha propuesto.

Y bien, ¿qué hacemos con los cadáveres?

La lista de «muertos» puede ser muy extensa. Pero con los muertos sólo se pueden hacer dos cosas. O los resucitamos con el poder de Dios o los enterramos. No los podemos seguir teniendo indefinidamente en el aposento alto.

El pasaje de Hechos 9.32-43 continúa con excelentes e interesantes variantes. El próximo cuadro que Lucas dibuja nos sacude el entendimiento. Hay dos interpretaciones para este cuadro que me parecen excepcionales. Una de ellas es compartida por William Willimon, Elizabeth Schüssler- Fiorenza y otros académicos. La otra es mía, y muy radical por cierto.

El espectáculo era estremecedor. Las viudas presentes y otras hermanas de la iglesia local comenzaron a abalanzarse sobre el apóstol, trayendo consigo recuerdos de la difunta, con la insistencia casi enfermiza de anclarse en el pasado.

- «Tan buena y dulce que era», se las escuchó decir.
- «Las cosas no serán nunca igual; jamás.»
- «Ella llenaba todo de vida. Ahora que se fue ...nada será igual.»

Los ecos de una iglesia que miraba hacia atrás cuando había sido llamada a caminar hacia adelante, llenaban la casa y el corazón del pescador. Los recuerdos de su vida anterior, mirando su pasado con lágrimas y dolor, parecieron retrotraer las pesadillas de una vida de fracasos y derrotas, sin fe, sin esperanza, sin futuro ni propósitos, ...sin vida.

Las hermanas le presentaban los atavíos que la difunta había preparado y usado mientras vivió —vestiduras significativas con las que el Evangelio se viste: las únicas vestiduras, las dogmáticas, las litúrgicas, las denominacionales, las de nuestro entendimiento escatológico, las culturales o las vestiduras de nuestras constituciones eclesiásticas.

Estos ecos no solo parecen haber trascendido la historia. En muchos lugares se los oye resonar con fuerza, retumbando entre paredes sordas, mientras hermanos y hermanas insisten en seguir mirando hacia atrás, llorando nuestros muertos eclesiásticos y emocionales, mientras lloramos nuestras ciudades. Una cosa es buscar en el pasado para evitar repetir los errores y otra para reclamar la máxima popular de que «todo tiempo pasado fue mejor». Gente que ríe llorando; que ignorando a Gibrán, intentan que «corazones que son volcanes produzcan rosas en sus manos». Son hermanos y hermanas que lloran el pasado, que validan las expresiones de un poeta que para mí siempre ha sido anónimo:

> *«El carnaval del mundo engaña tanto,*
> *que la vida no es más que breves mascaradas.*
> *Aquí aprendemos a reír con llanto*
> *y también a llorar con carcajadas...»*

Ese mensaje dual es harto responsable de que la gente a nuestro alrededor no acabe de convencerse de la verdad y la virtud que posee el Evangelio. La interpretación de este evento y de la misión del apóstol justifican sus decisiones frente a este espectáculo.

El apóstol determinó acogerse a una solución radical; sacó a todo el mundo de aquel lugar. Si había de ocurrir un milagro, había que echar a un lado los estorbos. En este caso, los creyentes eran aquello que estorbaba la obra de Dios e impedían las posibilidades de un milagro.[26]

Este no es el único caso bíblico en el que encontramos religiosos estorbando el paso de la fe para un milagro. En Lucas 5.17-26 vemos a religiosos estorban e impiden la llegada de un paralítico a los pies de Jesús. Para que el milagro pudiera ser una realidad, los «peregrinos de la fe» recurren a romper la casa en la que Cristo está predicando y enseñando.

Pedro no rompe estructuras físicas, pero sí recurre a desmontar agendas de dolor, de muerte, de derrota y de autoconmiseración. Es cierto que más tarde haría regresar a aquellos que echó, pero lo haría después de tener consigo las evidencias que los haría dejarse transformar, mientras abandonaban su vieja manera de pensar, enfrentándose a los retos diarios con que se confronta a nuestra fe.

Insisto: me parece que estamos en los albores de grandes milagros de Dios en nuestros países; grandes resurrecciones. La resurrección de la esperanza, la del sentido y de los niveles educacionales de nuestros jóvenes. La resurrección de la familia, de la pastoral y del ministerio como vocación y no como una simple profesión. La resurrección de la Iglesia comprometida con la visión y la misión, la resurrección de las metas y los objetivos eternos del Evangelio. La resurrección de una iglesia capaz de sacudir los cimientos de nuestras ciudades y aldeas, trasformando todo lo que toque con el poder del Evangelio que hace nuevas todas las cosas. Pero para que esto sea una realidad, se necesita que el Espíritu Santo haga una cirugía en todo aquello que nos impide alcanzar esa promesa y esa visión de gracia celestial.

Hay que buscar erradicar aquellos obstáculos que impiden que los hijos de los hispanos puedan creer que las carreras universitarias son para ellos. Hay que erradicar aquellos obstáculos que hacen pensar a las madres solteras y adolescentes que no hay lugar para ellas en la casa del Señor. Hay que quitar los obstáculos que impiden una resurrección emocional y espiritual en los pacientes de SIDA y en las familias alcohólicas de nuestros alrededores. Debemos quitar los obstáculos que impiden que nuestros hijos e hijas puedan entender el mensaje de esperanza que hay detrás una relación matrimonial sana y estable («el verdadero amor *puede* esperar»). Quitar los obstáculos que impiden que nuestras comunidades vean que en las iglesias hay mucho más que meros grupos en rehabilitación; obstáculos que hacen ver al Evangelio como un estilo de vida subcultural, desconectada de su alrededor.

Hay algunas congregaciones en nuestras Américas en las que los miembros que viven en los barrios de su alrededor no supera el 2% ó 3%; el 97% restante viene de otras zonas. Lo triste de esto es que muchas de estas congregaciones parecen haberse dado por vencidas en sus esfuerzos para ganar sus propias comunidades para Cristo. Esa visión miope del Evangelio también necesita ser extirpada.

Lamento decir que hay casos en los que los impedimentos para este mover de Dios tienen piernas, manos y cabezas. Es más, hasta usan Biblias debajo de sus brazos y predican y hablan de la fe. Pero sus miradas están clavadas en las «minas del pasado» para insistir en el llanto de la Iglesia y en un evangelio anquilosado por la desesperanza. A estos el Señor los sacará del contexto, aunque les permita regresar a sus labores después del milagro.

Cuando el apóstol realiza esta cirugía apostólica y eclesiástica, decide irse a orar de rodillas. ¡Qué escena tan poderosa! El apóstol Pedro, el testigo fiel de la resurrección de Jesús, el «caballero» del primer mensaje evangélico de la historia, postrado de rodillas. ¡Cuánto daría por lograr que muchos de los líderes evangélicos de nuestro tiempo comprendieran el valor que tiene el estar de rodillas delante del Señor!

Pero el apóstol no se circunscribió a la oración. El pasaje bíblico dice que Pedro oró, e inmediatamente se volvió hacia el cuerpo de Dorcas. Pedro sabía el valor de la oración, pero no se escondía detrás de ella para esquivar la dificultad. El problema estaba en frente, y él sabía muy bien cuál era su responsabilidad. Antes, cuando aún no había sido transformado por el Resucitado, escapaba de sus responsabilidades. Ahora que disfrutaba de la sanidad mental y emocional que el Señor había operado en él, tenía razones de sobra para hacerle frente a los problemas que traían para su consideración.

Al hacerlo, el apóstol llama al problema por su nombre: «Tabita.» El escritor de Lucas y de Hechos nos regala el nombre griego de esta mujer: *Dorcas*. Pero cuando Pedro se dirige a ella no lo hace por el nombre genérico, helénico e imperial que le han impuesto su cultura, su *modus vivendi* y su entorno étnico. La llama por el nombre con la que la conocen en su casa: Tabita, nombre arameo que, al igual que Dorcas, significa «gacela».

Aquí encontramos espacio para la otra interpretación del texto que consideramos en esta sección.

William Willimon, en su comentario sobre este pasaje[27] nos señala que Pedro ha debido estar conmovido por las viudas que lloran. El llanto de ellas es sinónimo de que no están precisamente esperando algunas explicaciones teológicas del dolor y la necesidad que confrontan. Esta mujer que ha muerto, aparentemente, es la única que se encargaba de ellas. Por lo tanto, le estaban diciendo con voz alta y clara que necesitaban un milagro. Su dolor y su necesidad no podían esperar las reuniones denominacionales, las aprobaciones de asambleas, las discusiones reglamentarias o los concilios ecuménicos. Su necesidad requería la pronta intervención del Espíritu de Dios. Me remito a dejar que el lector determine los parecidos con las necesidades que constantemente nos presentan nuestras comunidades.

El apóstol sabe que ante este reto no basta el conocimiento teológico ni apostólico; no bastan las relaciones profesionales y académicas que haya podido tener con los miembros del consejo apostólico. Tampoco bastan los títulos con los que la gente lo pudiera estar llamando. Ante este reto hacía falta el poder de Dios; poder para decir la palabra de autoridad que levanta a los muertos, que transforma la vida, que hace temblar al

Infierno y que hace a la muerte huir. Pedro, el apóstol *reeducado* por el amor terapéutico de Dios y ungido con el poder del Espíritu Santo de Dios, luego de orar dice la palabra de autoridad: «Tabita, levántate.»

Es esto lo que el mundo espera de nosotros; que podamos decir la palabra de autoridad y que tengamos la autoridad del Cielo para decirlo. A veces me apena ver a grandes amigos y compañeros del ministerio, con enormes capacidades intelectuales y académicas, tratando de razonar con situaciones que amerizan un milagro del Cielo, una intervención del poder del Espíritu Santo de Dios. Si el Evangelio se tratara de razón pura, no haría falta el Espíritu Santo para convencer a la gente de sus pecados. Es cierto que el Evangelio requiere de una buena dosis de análisis inteligente de la Palabra divina y de las teologías que emanan de ella. Pero el grueso de su andamiaje efectivo proviene del poder transformador del Espíritu de Dios, a través de la Palabra de Vida. El mundo está cansado de vanas palabrerías. El mundo necesita hombres y mujeres de Dios que puedan decir la palabra de autoridad, la palabra ungida: «Así ha dicho el Señor: Levántate.»

Pedro la puede decir porque él ha comenzado este pasaje levantándose; porque durante todo el evangelio se ha estado levantando; porque él ha sido levantado. Pedro puede decirla porque ha experimentado el poder de Dios. Créame: los muertos no son un problema serio cuando usted está lleno del poder de Dios.

Cuando la mujer oyó la voz de Dios respondiendo a la petición de Pedro, lo primero que hizo fue abrir los ojos. ¡Excelente detalle este que nos regala Lucas! El poder de Dios tiene como primer objetivo abrir los ojos. Es como si se nos estuviera diciendo que Dios no patrocina siervos y siervas ciegas ante las realidades que vivimos. Cuando llega el poder de Dios, lo primero que Dios nos permite disfrutar es la bendición de ver quiénes somos, cómo somos, cómo quiere Dios que seamos, cómo es la realidad contextual en la que nos ha tocado vivir.

Dorcas no se limita a ver; también se sienta por sí sola. Dios ha hecho su parte y ella hará la suya. Ahora el apóstol hace algo que le enseñaron hace tiempo: hay que levantar a los que se han caído o que no tienen fuerzas para levantarse. Él lo aprendió muy bien cuando necesitó ser levantado por el amor del Salvador. Él también, de cierta manera, había sido resucitado de una tumba; una quizás peor que la de Dorcas. Ahora hace suyas esas responsabilidades, y ante una mujer que acababa de ser despertada de entre los muertos, Pedro extiende su mano y la levanta. Dios está reclamando para sí una iglesia que sea capaz de levantar a los caídos, a los necesitados y a los recién resucitados de los sepulcros emocionales, espirituales y familiares.

Me parece que esta metáfora es riquísima. Hay que levantar a aquellos que Dios ha dado vida de los sepulcros emocionales, anímicos y espirituales. No es suficiente con saber que Dios convierte y sana al paciente de SIDA o al adicto a las drogas. Hay que levantarlos y afirmarlos en la fe. No es suficiente gozarnos con los testimonios de las familias desintegradas que Dios reconstruye y reintegra; la Iglesia tiene la obligación de levantarlas y afirmarlas en su fe. No es suficiente que el Señor resucite a aquellos líderes de nuestros países y los traiga arrepentidos a los pies de la Cruz. Hay que levantarlos hasta que sean capaces de traer todos sus sueños a los pies del Calvario y, como dice mi hermano Alberto Mottesi, «aprender a soñar para Dios».

Cuando Pedro levanta a Tabita sabe que en sus manos tiene la única respuesta para el dolor de esa comunidad; el único testimonio que podían recibir con alegría. Entiéndalo bien, hay ocasiones en que las congregaciones y su liderato tienen oportunidad de seleccionar las alternativas que pueden satisfacer las necesidades de las comunidades de su alrededor. Cuando esto pasa, el panorama no es tan complicado. Pero hay ocasiones en las que sólo tenemos una alternativa, y ella tiene que venir del Cielo. Son esos los instantes en que sabemos que la gente y las iglesias no se conformarán con menos, cuando las comunidades y las congregaciones nos dejan saber que conocen muy bien lo que Dios es capaz de hacer a través de siervos fieles. Lo que nos están comunicando es que saben que cualquier problema para cumplir con esas demandas no será interpretado como de Dios sino como un pobre rendimiento del instrumento seleccionado para el servicio.

Pedro la presentó viva y ella se convirtió en el testimonio de un pueblo; un testimonio generador de esperanza.

Por último, la muerte de Dorcas en Jope abre el contexto para que Pedro se quede en la casa de Simón el curtidor, y allí tiene la visión que le abrirá las puertas de Cornelio y del Imperio. La enfermedad de Talita, la de Jairo, propició el espacio para la mujer con flujo de sangre. La crisis del cojo del pórtico de La Hermosa propició la conversión de miles de personas. La muerte de Tabita abrió las puertas para los gentiles en el espectro evangélico de la iglesia en la que Pedro se movía.

Como diría un gigante de la predicación que dejó de estar entre nosotros en Diciembre del 1996: «Nuestros muertos pueden ser el móvil divino para agilizar las inserciones de la vertical divina en las horizontales humanas.»[28]

Oremos al Señor para que nos haga sensibles ante los reclamos que surgen mientras manejamos nuestros muertos. Y que nuestras respuestas ante estos retos, los retos de estos tiempos, produzcan esperanza en los corazones y las vidas de nuestros pueblos. Que la obra, el testimonio y la vida de la Iglesia sean capaces de crear historias llenas de esperanza, altares que inviten y produzcan esperanza; esperanza contra esperanza.

Una iglesia llena de milagros, prodigios, señales de lo alto, pero con un elevado sentido de responsabilidad ante un mundo que se ahoga sin esperanza y que necesita testimonios elocuentes de la vida y la esperanza que están escondidas en Cristo.

3

Tercera sección

La esperanza en el dolor

Capítulo 10
Dos hermanas

Un silencio ensordecedor se había apoderado de todo el litoral. Los ancianos de la vecindad comentaban en voz alta que parecía que la naturaleza se había puesto de acuerdo para expresar su solidaridad con esa hermosa familia. Un detalle casi milagroso fue descrito por un niño precoz de esa comunidad. Mientras jugaba con unos soldaditos de madera, dijo que le extrañaba sobremanera ver tantos gorriones y jilgueros; y todos en silencio. Tan solo se podía escuchar el sonido suave y melancólico de una tenue brisa que parecía haber sido enviada a consolar a las hermanas del moribundo.

Sí, ellas eran muy queridas en la vecindad y por esto el pueblo entero ya parecía estar de luto. Desde muy niños se había podido concluir que los tres eran muy distintos; especialmente ellas dos. La primera, de carácter férreo y dominante, de expresiones cortas, siempre directo al grano; con una pasión por el trabajo y la atención en los detalles. Más de uno se atrevía a decir que era el vivo retrato de su padre. Su mentón era griego, con las facciones de la Gertrudis de la *Tía Tula*, de Unamuno. Sí; ella era como Gertrudis, la otra era como Rosa.

Ella siempre estaba en la labor, en las ocupaciones sin fin. Siempre rodeada de criados, pero sin poder despegarse de las tareas diarias. A la Nana de toda la vida se le había oído musitar que ese afán por el trabajo era la forma de evitar que se le vieran las costuras del alma. En realidad, detrás de esa personalidad tan férrea se dibujaba un corazón sensible y vulnerable que había preferido ocultar, para no dejarse lastimar por los partos de los montes y la insensatez de los tiempos. El carácter enfermizo del único hermano había producido que todas las responsabilidades giraran alrededor de ella; nunca se supo que rehuyera asignación alguna.

La otra era romántica, un tanto melancólica, a todas luces un poco enfermiza. No tanto como el hermano, pero su propensión a perderse en el espacio le había ganado la fama de saber las mil y una conjugaciones del verbo reflexionar. Al mismo tiempo, era capaz de brindar todo de sí sin pensarlo dos veces. Por razones obvias, parecía ser la querendona de los vecinos. La primera gozaba de grandes demostraciones de cariño, siempre ahogados por el respeto que inspiraba. Los observadores a la distancia, los que miran a través de las celosías del tiempo, han dicho que la segunda ha debido ser un modelo un tanto excéntrico de la Belinda Crepusculario que inmortalizó Allende, capaz de rehacerle la vida a cualquier extraño con tan solo contarle un cuento. Ella, al igual que Belinda, podía entregar su vida y su historia, su llanto y su risa, su vigor y su debilidad en cada acción por el prójimo.

Hoy ellas lloraban, y todos con ellas. La mayor parecía querer amarrarse con estoicismo al dolor. Cómo es lógico, casi siempre daba la impresión de estar por encima de cualquier emoción. Esta vez sus pensamientos sólo podían girar alrededor del dolor que emanaba de su alma. «Después de todo», decía, «el dolor hace que un ser humano piense, y pensar hace sabios a los seres humanos; y la sabiduría hace la vida soportable.»[1]

De cuando en cuando se la observaba mirar por la puerta que daba acceso al camino principal de la aldea. Su mirada se levantaba hasta el recodo del camino. Daba la impresión de estar esperando a alguien. Los allí presentes se extrañaban muchísimo, pues todos los vecinos y amigos importantes de la familia ya estaban allí; ante todo, había que cumplir con una tradición todavía no escrita. Siglos más tarde el rabino Akiva diría que aquellos que no visitan un enfermo pueden ser considerados responsables de haber derramado la sangre de este.[2] Pero ella seguía insistiendo; su mirada interrogaba el camino con una desesperación poco común que ya comenzaba a dejarse ver en las líneas que habían comenzado a dibujarse en su rostro por la falta de melanina y colágeno.

Alguien indicó que era cierto; uno de los amigos de la casa aún no había llegado. Se sabía que de un tiempo hacia acá, desde que él llegó por aquellos lares acompañado de sus inseparables amigos se había ganado la amistad de los tres hermanos. Era considerado como un gran maestro y, posiblemente, como un profeta, pero aunque esto era una buena explicación aún así no era una razón sustantiva para esa ansiedad tan poco usual. Después de todo, era poco probable que él se hubiera enterado, puesto que se encontraba lejos de esa aldea.

Pero ella continuaba esperando y analizando posibilidades y alternativas. Si Juan Bunyan se hubiera tomado la molestia de dedicarle algunas líneas, con toda probabilidad la convertiría en peregrina de los caminos de los recuerdos de su últimos dos años. Bastaría con escrutar su mirada para darse cuenta de que allí, donde la sinapsis deja de ser un asunto entre dentritas y axones y se convierte en el pentagrama donde escribe el alma, había una escena que parecía deleitarse en repetirse vez tras vez. Desde mi ventana he logrado realizar un corte transversal de sus pensamientos y he terminado llorando y riendo con ella.

Con claridad diáfana he contemplado la misma casa, temprano en una tarde. Ella se afanaba en actividades necesarias para agasajar a ese invitado que con frecuencia aparecía en tiempos de bonanza, pero que ahora se demoraba en el tiempo de la enfermedad y el turbión.

Cada vez que él llegaba, ella se esmeraba en asegurarse de supervisar cada detalle del agasajo. Era su respuesta a una insistente y pertinaz solicitud que recibía desde su corazón como una noticia en alta voz: «A él hay que tratarlo mucho mejor de lo que se trata a un rey.»

Muchos meses antes habían escuchado docenas de historias

y cosas acerca de él. Habían escuchado de ángeles y astros en los cielos anunciando su nacimiento, visitas de altos dignatarios de cortes extranjeras durante su infancia, su rebeldía y antagonismo contra todo lo que tuviera que ver con el sacerdocio y los grupos religiosos establecidos. En fin, parecía ser todo un personaje. Pero desde que lo vieron llegar a su aldea, sus corazones descubrieron que jamás palabra alguna dicha por los hombres le haría justicia a este a quien desde entonces se honraban en llamar «amigo».

Ella recordaba los tapices azules recién bordados que descolgó sobre las paredes del salón principal de la casa, los cántaros recién decorados, los odres importados y el grano que había trillado con su propias manos para hacer el pan de ese día. Recordó con alegría el ánfora, delicado hasta en su textura, y en esa vasija, el aceite para ungir al Maestro tan pronto como él llegara a la casa. Nadie le podría quitar ese privilegio.

Los cocidos del día también eran especiales. Había que preparar una buena cantidad de ellos. Era cierto que el Maestro no comía mucho, pero en la comparsa que le servía de escolta perenne habían cuatro pescadores que parecían haber desarrollado la capacidad de almacenar el hambre, para luego satisfacer el inventario con los guisados que ella hacía. Lo más increíble era que el más glotón de todos era, para ella, el ser humano más testarudo, dominante y malcriado que existía sobre la tierra. Pero andaba con el Maestro y eso era más que suficiente para recibirlo y atenderlo bien. Recordó que en una ocasión el Maestro le señaló que con toda probabilidad ella encontraba imposible hacer la paz con el pescador por las muchas similitudes que existían entre ellos. Al principio se molestó con el Maestro, pero recordó cómo terminó riendo a solas luego de que todos se marcharan. El Maestro tenía razón: el pescador y ella se parecían.

Mientras recordaba los preparativos continuos, recuerdos entrecortados de los temas de conversación aparecieron en su mente. No eran del todo claros, pero después de todo, ella no tenía tiempo para prestarle atención, toda vez que estaba trabajando hasta el cansancio para que el Maestro fuese atendido como se merecía. Dentro de las cosas que sí pudo recordar se encontraban las razones que él ofrecía para justificar que había que ser como un niño para poder entrar al Reino de los Cielos. Según recordó, el Maestro decía, entre otras cosas, que los niños tiene la facultad de vivir en un mundo multidimensional, simultáneo, o sea que pueden desarrollar actividades en muchas dimensiones al mismo tiempo. También recordó que los niños no cargan sus conversaciones con dobles agendas; y algo más, que los niños desconocen lo que es el temor a la muerte.

«Él dijo que los juguetes de los niños mueren y vuelven a la vida en las manos de estos como un suceso común y normal.»

Cuando inclinó su rostro para pensar en esto, se oyó un quejido lastimero. Era el hermano en medio de la agonía previa a la muerte. Las cuerdas de la muerte irrumpían antipáticas en las agendas familiares para imponer sin apelación posible un dictamen que traía consigo la disección de un pedazo del alma. Sin pensarlo dos veces decidió enviar un emisario para que encontrara al Maestro y le comunicara que Lázaro estaba agonizando. «Sin duda, cuando sepa esto, abandonará todo lo que esté haciendo y vendrá a verlo; él siempre nos ha demostrado el gran amor y cuidado que tiene por nosotros.»

El heraldo del dolor partió raudo a su encomienda y al otro día regresó con la respuesta: «Dijo que esta enfermedad no va a terminar en muerte, sino que ha de servir para mostrar la gloria de Dios, y también la gloria del Hijo de Dios.»

Ella se llenó de regocijo. Corrió a donde estaba Lázaro, lo abrazó y con la alegría que exhibe un pequeño en Navidad le dijo que no moriría, el Maestro lo había asegurado así. Muy pronto estaría entre ellos y pondría fin a esos dolores tan angustiosos.

De inmediato ordenaron los preparativos. Ordenaron poner los tapices azules recién bordados, buscar y llenar los cántaros recién decorados y descubrir los odres importados. Se ordenó también que se trajera el grano. Ella lo trillaría con su propias manos y se propondría hacerse tiempo para hornear el pan de ese día. Separó con mayor alegría el ánfora, delicado hasta en su textura, y ella misma revisó el aceite para ungir al Maestro. Lo haría tan pronto como él llegara a la casa. Nadie le podría quitar ese privilegio.

Se ordenaron los cocidos del día, de seguro que él vendría esa misma tarde. Hasta ordenó algo especial para ese compañero glotón, testarudo, dominante y malcriado; «La sanidad de mi hermano vale muy bien que soporte cualquier cosa». El día transcurrió a la expectativa de la llegada de Aquél que dijo que habría de venir.

La comida se enfrió, la tarde había caído y con cada pincelada prismática vespertina del disco heliocéntrico los corazones de las hermanas eran matizados con el purpúreo lastimero de una crónica que también se anunciaba en los horizontes del alma. El Maestro no llegó.

«Pero él dijo que vendría, que nuestro hermano no moriría. ¿Habremos hecho o pensado algo que nos haya convertido en indignas del favor del Cielo?»

La cercanía de la muerte no esperada —nuestra o la de quienes amamos de forma visceral— trae consigo lentes que deforman la perspectiva de las cosas. Esa muerte que se dibuja en los lienzos del alma antes de que nuestra lógica finita e incierta pueda siquiera intentar dibujar un boceto de las posibilidades que tenemos. Ella, que se presenta a sí misma como frontera trascendental entre el más acá y el más allá, es capaz de materializar los fantasmas de nuestros errores; aquellos que cometimos y aquellos que estuvimos a punto de cometer. Ernesto Klein, en su libro *Mi diálogo con la muerte* regala muchos trozos poéticos que nos permiten analizar algunos aspectos de esa cruda e ineludible realidad. En sus diálogos, Ernesto señala realidades que a veces nos negamos a aceptar.

Cuando alguien muy querido se nos va nos da la impresión de que el tiempo se ha detenido. Para quienes permanecemos de este lado de la frontera el tiempo parece moverse tan lentamente que a veces nos da la impresión de estar viviendo la misma hora y el mismo minuto vez tras vez. En cambio, los que se van parecen tener perspectivas casi siempre distintas a las nuestras; especialmente aquellos que, como Amado Nervo, se atreven a decirle a la vida que nada le deben, que están en paz; que Cristo les ha dado paz. El poeta de

Tampico, otrora estudiante de teología mucho antes de ser poeta, diplomático y periodista, hasta bendijo a la vida por la hiel de las cosas, por las mieles sabrosas, por plantar rosales y cosechar siempre rosas, por amar y ser amado, hasta por el sol que acarició su faz.

Nadie es capaz de escribir algo así si no ha conocido la victoria sobre la muerte. De hecho, la historia ha declarado que Amado Nervo debió conocer algo acerca de la victoria sobre la muerte. Esto lo comprobamos analizando algunos documentos que describen su muerte, entre los que se destacan fragmentos de las palabras que dijera Daniel Muñoz, entonces Ministro de Relaciones Exteriores de Uruguay, país en el que Nervo murió en 1919:

> *«...tantas adversidades me han atormentado, que creía ya endurecidas para siempre las fibras de mis ternuras cordiales y exhaustos los manantiales de mis lágrimas a fuerza de haber llorado mucho; pero confieso que, al sentir que entre mi mano se helaba la de mi amigo moribundo y al ver que su mirada se desviaba de la mía remontándose a las alturas del infinito que ya entreveía en los ensueños de su agonía plácida y serena, sonriendo como si la proximidad de la muerte le produjese la fruición de un deleite, lloré...*
>
> *»Y así murió Amado Nervo, sin articular ni una sola palabra, pero pensando muchas; tranquilamente, resignadamente, sin una contorsión, sin un espasmo, como si temiese que cualquier ademán o cualquier acento pudiese alejar a la dulce amiga que se le allegaba para cerrarle los ojos y adormecerlo para siempre, con el arrullo de una tierna cantilena como la que susurra la madre al mecer la cuna de su niño.»*[3]

El cantor ha dicho con placer que ningún ser humano puede enfrentar así la muerte sin antes haber conocido al Vencedor de la tumba fría. Son estos, que en la cercanía de su partida, conturban al humano carnal y desprovisto de esperanza cuando aparecen haciendo frente al conteo regresivo final, como queriendo acelerar las manecillas del cronómetro inexorable, para poder irse así a reportar al Dueño del registro eterno; con alegría, en paz, sin contorsiones, como arrullados por una canción maternal. De cierto, nunca sabremos si fue así la experiencia de la partida de ese hermano que ambas amaban de manera entrañable. Lo que sí sabemos es que murió y el proceso de esa muerte dejó grandes huellas de dolor en el corazón de ambas.

Una plañidera fue sorprendida *in fraganti*, cuando en el proceso de explicar ese dolor con un cántico lastimero, se le zafaron unas frases que acusaban una esperanza traicionada. El Maestro dijo que vendría y que él no moriría... el Maestro no llegó y la existencia se le escapó... cada hermana ha inventariado cada acción y proceder, mas no comprenden por qué esto ha debido suceder... sólo el llanto ahoga el trueno que resuena desde el dolor de pensarse abandonadas y castigadas por el Señor...

Cuando él murió, a Marta se le escapó un grito sordo; de esos que raen el alma y traen consigo los últimos vestigios de esperanza. Una mujer joven se le abalanzó e intentó llorar con ella, pero las preguntas que destilaban los labios de la siempre hacendosa le parecieron rayar en las fronteras de la herejía, la blasfemia y la irreverencia: «¿¡Por qué, Dios; por qué!? ¿Qué te hemos hecho para merecer este dolor tan grande? Tanto que te hemos servido a ti y a tus siervos y ahora te atreves pagarnos así. No es justo Dios. Tú no eres justo...»

Las jóvenes se apartaron de tan poco usual exabrupto; solo las ancianas permanecieron cerca, mientras musitaban que Dios era mucho más entendido que los hombres y no tomaría nunca alguna frase dicha en el dolor como una expresión cargada de pecado.

Ese día, que pareció eterno, trajo consigo los consabidos arreglos funerales y el traumático proceso de la sepultura. Las sepulturas pueden ser terapéuticas para los dolientes de aquellos que han partido después de una enfermedad prolongada. Esa angustia extendida se convierte en una anticipación del luto y la sepultura es una experiencia liberadora. Mas no es así para quienes se enfrentan a la muerte trágica o no esperada de los seres amados. En muchos de esos casos, las sepulturas se convierten en sentencias que no podemos entender ni procesar. El cuerpo podrá ser sepultado, pero nuestros muertos parecen seguir con nosotros; provocadores de angustias que parecen eternas, angustias pospuestas.

En casa de Marta, María y Lázaro parecía haber suficiente como para agasajar y celebrar con frecuencia al Maestro y sus acompañantes. Parecía haber suficiente como para que María pudiera gastar más de un año de sueldo en un perfume para ungirlo (Juan 12.5). Parecía haber suficiente para pagar lloronas y flautistas por cuatro días de funeral. Pero cuando llega el sufrimiento ocasionado por la partida de nuestros seres queridos, nada de lo que podamos tener o poseer es suficiente para mitigar nuestro dolor.

Como parte del funeral, los vecinos y familiares inmediatos decidieron que las hermanas deberían permanecer acompañadas por algunos días, así que reclutaron lloronas y plañideras para las liturgias de los siguientes días. Días esos llenos de llantos fúnebres, de almas plagadas por las notas luctuosas de flautas que cantaban al dolor y a la angustia, de recuerdos que imposibilitaban la alabanza y que habían sido capaces de secar las cuencas de las ventanas del alma. Días de acariciar con los dedos del corazón las piezas de vestir, las pertenencias personales más apreciadas, el estante aquel al que nunca le prestamos atención, más ahora parece haberse convertido en generador de anécdotas y recuerdos. Días así, instantes de arpas colgadas en los sauces y de llantos junto a los ríos de una vida tildada de babilónica por el despotismo que exhibe en sus decisiones arbitrarias. En esos días llegó Jesús...

Marta siquiera esperó a que él llegara a la casa. Tan pronto se dio cuenta de que una de las siluetas que se dibujaba en el recodo del camino se le parecía a la del Maestro, salió corriendo a recibirlo. En su desesperación olvidó ordenar poner los tapices azules recién bordados, enviar a buscar y llenar los cántaros recién decorados y descubrir los odres importados. También olvidó el pan recién hecho y no llevó consigo el ánfora, delicado hasta en su textura, lleno de aceite para ungir al Maestro. Su dolor era más grande que ella y a ella se aproximaban los mejores hombros que hayan existido jamás para ayudar a cargar nuestro dolor.

Entre sollozos y lágrimas ni siquiera le permitió hablar. Es cierto que lo llamó *Kyrios*,[4] pero al instante le increpó con una andanada de expresiones viscerales y una petición nada terrena. «Señor, si hubieses estado aquí, mi hermano no habría muerto. Mas también sé ahora que todo lo que pidas a Dios, Dios te lo dará.»

Los habitantes de la aldea se sintieron confundidos ante la paradoja encerrada por las dos frases que ella había expresado. La primera acusaba al Señor por la muerte del hermano. Era una acusación que bien se podía interpretar de la siguiente manera: «No llegaste a tiempo, nos dejaste solas, no te acordaste de nosotros, nos abandonaste en el momento más terrible. ¿Qué pasó, Dios? ¿En qué te entretuviste mientras mi hermano moría?»

Ante tal embate, las expectativas de muchos creyentes se han detenido frente al temor producido por la visión del Dios que envía fuego a consumir a los captores de Elías (2 Reyes 1.9-15) o la visión del Sinaí humeante e imbatible. Pero la misericordia y la gracia del Todopoderoso jamás dejan de sorprender a aquellos que confían en Él.

La segunda frase es considerada una de las declaraciones de fe más completas en el Evangelio (Juan 11.22). Una combinación explosiva entre el dolor y la fe, la desesperación y la esperanza, la muerte y la vida. De poder analizar ese corazón con lupas espirituales se encontraría que en el interior de esta férrea mujer se había desatado un volcán, el cual sólo podía ser aplacado por la esperanza de que las obras realizadas por Dios en el pasado eran la garantía más segura de que obraría también en el futuro. En este caso, su futuro, incierto ante los atropellos que se avecinaban al verse como dos mujeres completamente solas, en un mundo que clasificaba a las féminas con las mismas herramientas con las que se clasifican los objetos y las pertenencias.

Ella de cierto estaba adolorida, pero en medio de su dolor su esperanza decidió que estar frente a Dios, al *Kyrios*, era el mejor momento para desafiar la angustiosa realidad que enfrentaban. «Mi dolor está aquí y nadie lo puede ocultar, pero al mismo tiempo sé que tienes toda potestad y ni siquiera la muerte puede ser un obstáculo insalvable para ti.»

La respuesta del Señor presagió un conflicto entre la fe y la esperanza. La esperanza de esta mujer no se dirigía a un *novum ultimum,* a la nueva creación de todas las cosas por Dios, basada en la resurrección de Cristo.[5] Su esperanza estaba dirigida a las posibilidades de mitigar su dolor en «su allí y en su ahora». El Señor de la vida la confronta con respuestas que la llevarían a auscultar un poco más allá de los juicios que fija la realidad actual, la realidad de lo que existe. En su ejercicio, ella podría ser capaz de mirar con las lentes del Cielo y, a través de una nueva dimensión de la esperanza, las anticipaciones que ponen al descubierto la realidad de los horizontes de gracia y las posibilidades futuras.[6] La confianza de esta mujer podría ser muy grande, pero a Cristo le interesaba que ella la dirigiera a la realidad correcta, la permanente, eterna, y no solamente a la posibilidad de una resurrección temporal.

La primeras palabras que escuchó pronunciar a la Fuente de Vida Eterna le parecieron cargadas de escatología: «Tu hermano resucitará...» La respuesta de Marta proclamaba su fe, la afirmación de sus convicciones de que Dios es Señor de la Historia y de que en la agenda divina se encuentra la resurrección de los muertos. Pero su dolor no era escatológico. Su angustia no podía esperar a soluciones apocalípticas. La fe en los escenarios y los presupuestos que el Cielo había dictado para el futuro formaban parte de sus convicciones, pero el dolor de su alma necesitaba al menos un paliativo «aquí y ahora». «Yo sé que resucitará en la resurrección, en el día postrero...»
El Señor de eterna sabiduría instó a Marta a entender que una resurrección temporal de Lázaro no sería la solución final a su dolor. Si Lázaro resucitaba hoy, de cierto moriría algún tiempo después. La solución a sus angustias solo podrían ser encontradas en la seguridad que ofrece el saber que la presencia del Señor garantiza nuestra victoria más allá de la vida o la muerte. «Yo soy la resurrección y la vida; el que cree en mí, aunque esté muerto, vivirá.»

El «Yo Soy» del Sinaí había decidido que el escenario de

dolor en el que esta mujer se desenvolvía no era un terreno para los relámpagos, el trueno o el fuego, sino para las palabras de seguridad, esperanza, confianza y misericordia. Ese Yo Soy que fue chispa inicial y agente pivotal del Éxodo, del Mar Rojo dividido, de columnas de fuego en las noches desérticas y una nube protectora contra las insolaciones del *Midbar,* ahora se las arreglaba para que el poder de su palabra fuera más que suficiente para traspasar las barreras del dolor y arrancar de los labios de la doliente una frase capaz de construir una fortaleza, un castillo de fe y esperanza. Ahora la invitaba a transitar por encima del carril de la esperanza de los hombres; a decirle «amén» a lo que el Dios encarnado había dicho. Jesús le pregunta: «¿Crees esto?»

¡Qué glorioso interrogatorio! Dios mismo preguntándole a su criatura, a una criatura en medio de un dolor inimaginable: «¿Puedes activar tu fe?» La respuesta de esta mujer, arrancada de sus vísceras y ungida con el llanto con que se llora a un hermano, fue escuchada en los cielos como una sinfonía digna de Mozart o Brahms. La declaración de la fe en el Hijo de Dios convertida en melodía de esperanza: «Sí, Señor; yo he creído que tú eres el Cristo el Hijo de Dios, que has venido al mundo.»

Los cielos se llenaron de alabanza. Dos docenas de miles de ángeles habían estado contemplando aquél coloquio. Para ellos, este encuentro era uno dialógico entre el lamento y la danza, entre la esperanza terrena y la esperanza eterna, entre el deseo humano de ver cumplidos sus deseos y la seguridad que se obtiene al saber que la presencia de Dios garantiza el futuro. Para ellos era un diálogo entre la vida y la muerte. Ellos, que se habían quedado estupefactos ante las expresiones tan radicales que Marta había usado con el Señor, ahora danzaban y cantaban jubilosos ante esa confesión de fe. Ese momento trascendental servía de base para cantar que los cielos y la tierra reconocían el señorío del Salvador; el niño nacido de Isaías había sido reconocido como el Hijo dado desde la Eternidad. El Emanuel que hace viva la esperanza y dinamiza la fe, se las había arreglado para provocar que aún en el medio del dolor más severo, dolor ignorado por los ángeles, hubiese espacio para declarar que Jesucristo es Dios, es el Señor que ha venido al mundo para buscar y salvar a los que se habían perdido. Hasta el dolor tuvo que hacer un alto para permitir que el alma pudiese realizar una declaración tan incomparable.

María había estado recostada sobre un catre, sus manos abrazadas contra su estómago y su mirada perdida en lontananza. Su rostro ajado, amarillento, testigo inmisericorde de largas noches y pocas horas de sueño. Este fácil prototipo de *La Mélancolie* de Eduard Degas, tan solo era interrumpido por una gota de sabor salino que se escapaba de los arroyos del alma. Es que el alma sabe llorar, de alegría y de pena. Sucede que casi siempre nos dejará saber esto cuando se nos han secado las cuencas del llanto epidermal.

Otra de esas venerables portadoras de hebras plateadas sobre sus sienes se las había arreglado para que probara un consomé. Una joven que observaba los detalles de este acontecimiento se topaba con la realidad de que la anciana casi no usó palabras para convencer a María. En un aparte con la sabia anciana y usando el tono de voz que usa el discípulo con la maestra a quien respeta, la joven le preguntó cuál era su ciencia. La anciana se puso las manos sobre su pecho y en voz baja respondió: «Hija mía, yo sé lo que se siente; cuando perdí a mi hijo menor me volví como loca. El dolor le quita a uno hasta el hambre. Pero hay muchas otras razones por las que hay que seguir viviendo.»

La joven la interrumpió con otra pregunta. «¿Por qué no le escuché decir eso a María?»

La anciana, tocando con delicadeza maternal la frente de la menos experimentada, le respondió: «Cuando duele el alma, las explicaciones sobran. Nada se entiende, nada se comprende; solo el calor de una mano tierna y compasiva es capaz de decodificar el lenguaje que en esos instantes habla el alma.»

La joven inclinó su rostro y, pensando en voz alta, se juzgó a sí misma como incapaz para realizar tan difícil tarea. La anciana miró a la distancia y, tras suspirar, concluyó diciendo: «Debemos ser cuidadosos de obtener de cada experiencia tan sólo la sabiduría que hay en ella y detenernos allí. No nos vaya a suceder como al gato que se sentó sobre el fogón caliente. Desde entonces no se sienta sobre el fogón ni siquiera cuando está frío.»[7]

Las palabras de la anciana fluían como sentencias obtenidas de una «desiderata» realizada en la biblioteca experimentada del alma: «En nuestra tradición no celebramos los cumpleaños; cuando alguien nace no sabemos qué será de él. En cambio celebramos el *yahrzeit*,[8] porque sólo después de su muerte sabemos si su vida ha valido la pena. El año que viene, a esta fecha, haremos vigilia de 24 horas con velas encendidas y los varones recitarán el *Kaddish* en la sinagoga.[9] Si algo debes recordar de esta conversación es que cada muerte trae consigo su propio librito de reglas. Mas una de esas reglas es común a todos ellos; con la muerte de un esposo o una esposa o un hermano enterramos parte de nuestro presente; con la muerte de un padre o una madre enterramos parte de nuestro pasado; con la muerte de un hijo enterramos parte de nuestro futuro.»[10]

Mientras se desarrollaba este coloquio, María interrumpió la escena levantándose de manera estrepitosa. Con un quejido lastimero entre sus labios, salió de la habitación de manera súbita.

«Déjala, no la detengas. Tan sólo la seguiremos por precaución. Debe estar necesitando ir de nuevo a la tumba para llorar en ella.»

Esta vez la anciana se había equivocado. Ella no se había dado cuenta de que en los mismos instantes en que dialogaba con su interlocutora más joven, Marta había aparecido por la ventana, comunicándole a María un recado que traía consigo un viso de gloria: «María, el Maestro está aquí y te llama...»

La historia eclesial diría que María recibió un telegrama vestido de eternidad. Marta, embebida aún en el dolor de la muerte del hermano amado, había encontrado una fuente de esperanza en su diálogo con el Señor de la vida. Los poetas que han mirado estos eventos a través de las celosías de la historia se inspirarían en canciones que, sin vacilación alguna, puntualizan esta verdad absoluta: nadie que habla con

Dios puede descender de ese diálogo sin esperanza. Todos aquellos que logran hacer un paréntesis en sus experiencias de dolor para dialogar con el Señor, ven sus corazones resurgir de las cenizas de la angustia con una fortaleza sin igual. Una fuerza proveniente de los cielos, la que permite, aún siendo conscientes de que la razón de nuestra aflicción sigue presente, podamos convertirnos en heraldos de esperanza.

María corría a prisa. Jesús aún no había llegado a la aldea. El recodo del camino, púlpito para la confesión de Marta, ahora se convertía en un altar ensamblado a base de esperanza; un retablo de esperanza. Allí había encontrado Marta un espacio para la catarsis, el grito que parte en dos el cántaro en el que guardamos todas las emociones del corazón, derramándolo como si fuera agua. ¡Qué poderosa experiencia poder hacerlo frente al Dador de agua que salta para vida eterna! A ese mismo altar corría María, pero no para confrontar el cielo y la tierra a través de las lentes que nos regala el dolor; ella corría hacia la Fuente de Esperanza más no en la búsqueda de un paliativo para la situación temporal. María avanzaba hacia aquel lugar en el que su alma veía brotar manantiales de esperanza con el único propósito de tirarse a los pies del Señor y llorar allí, a los pies de Aquél que tiene el poder para permitirnos llorar cuando debemos llorar y enjugar nuestras lágrimas cuando estas deben ser enjugadas.

De pronto se detuvo el tiempo y el espacio; algo insólito estaba a punto de acontecer. Los cielos aguardaron en silencio con una expectación majestuosa, digna del primer día de la Creación del universo. La naturaleza inclinó su rostro en reverencia, pues nunca antes siquiera uno de sus infinitesimales átomos había podido ser testigo de lo que habría de suceder. En un instante, águilas y cóndores se detuvieron en el espacio y en el tiempo, los manantiales y arroyos se negaron a derramar una sola gota del fluido de vida, las abejas reposaron todas sobre flores sin polinizar, pues hasta los pistilos se habían cerrado ante la posibilidad de tan magno evento.

El Registro Sagrado recoge en dos líneas lo que ningún poeta pudo imaginar jamás. El Yo Soy, el Admirable, el Príncipe de Paz, la Palabra Viva y Encarnada causante eficiente de toda la Creación, el Inmutable en el que no hay mudanza ni sombra de variación, la Roca inconmovible de los siglos se estremecería y se conmovería en su espíritu al ver llorando a María.

Las connotaciones de este derramamiento de misericordia y piedad volcaron las alabanzas de los ángeles, los querubes alcanzaban en los cielos unas notas nunca imaginadas, las reinitas y los zorzales remontaban sus canciones en dulce armonía con las notas angelicales. Los arroyos y los manantiales comenzaron en una fuga a marcar el ritmo de una nueva melodía de gracia y esperanza. Las galaxias y los astros comenzaron a declarar que el Anciano de días era capaz de ser estremecido y conmovido en su interior por las lágrimas de aquellos que traían a los pies del Emanuel sus dolores y sufrimientos. Era Dios conmovido en su interior, era el Creador de los cielos y la tierra estremecido ante el dolor de una mujer que lloraba a su ser amado, era el Elohim y el Sahddai sufriendo *kenosis*, vaciándose de su gloria para llorar con una simple mortal que no pedía otra cosa, sino que se le permitiera llorar a los pies del Consejero, del Dios Fuerte, del Padre Eterno y Príncipe de Paz.

Los poetas y cantores no podían agotar la cantera de versos que ofrecía escenario tan singular para todas las generaciones que se habrían de recrear en esta historia. Y todo esto por una mujer que corrió a depositar sus lágrimas ante unos pies que semanas más tarde serían traspasados por clavos crueles e inmisericordes, como queriendo certificar que aquellos que se postran a esos pies se acercan a la Fuente Carmesí que quita el pecado del mundo.

Un detalle precioso es que el evangelio destaca que Jesús se estremece y se conmueve al verla a ella y al ver a los amigos que la acompañaban. ¡Maravillosa gracia es esta! El Dios del Cielo premia con misericordia y con el estremecimiento de su trono de gloria a aquellos que son capaces de dejar de ser suyos para escoltar el dolor de otros. Es por esto que tenemos esperanza. Como ha dicho un príncipe del púlpito de mi isla, mientras haya samaritanos capaces de desmontarse de sus cabalgaduras, vendar al quebrantado y ser atrevidos hasta el punto de asumir las deudas de los dolores de otros, habrá un corazón de Dios estremecido y conmovido. Y cada vez que Dios se estremece en su trono de gloria, la tierra y los cielos se llenan de bendición y de esperanza. Un detalle insólito es que Jesús se estremece dos veces (Juan 11.38).

Aquél que es omnisciente, que sabe todas las cosas, se dirige a las dolientes y les pregunta dónde se encontraba la razón de sus lágrimas. La pregunta estaba vestida como una sonda existencial: «¿En dónde se encuentra la tumba que provoca vuestras lágrimas? ¿En qué lugar se encuentran esos muertos físicos y emocionales que no habéis podido enterrar aún? ¿En qué lugar se encuentra la razón de sus angustias y sufrimientos?»

Era una invitación a ir juntos, lo terrenal y lo celestial, lo humano y lo divino, la derrota y la victoria, la paga del pecado y la dádiva de vida eterna, juntos a enfrentar ese sepulcro: «¿Dónde le pusisteis?»

Una pregunta que ha generado interminables interrogantes a las dimensiones de los atributos divinos en Dios hecho hombre. Si Dios es omnisciente, y si Cristo es Dios, ¿no debería haber sabido dónde se encontraba esa tumba? Las respuestas más concretas y poderosas no han sido provistas por los especialistas de la academia teológica. Estas han brotado de los corazones de las Martas y Marías de este tiempo. Estas han revelado que para ellas esta pregunta, más que una pregunta, se convierte en una invitación para asistir en compañía del Señor a enfrentar sus tumbas emocionales, espirituales y del alma; invitaciones que ellas también recibieron en instantes en los que tenían temor de hacerle frente a sus sepulcros.

La respuesta de las afligidas ha sido un recurso eterno para aquellos que desean obtener refrigerio para sus almas en los momentos de crisis; un refrigerio que sólo da Cristo Jesús: «Señor, ven y ve.»

Esta frase predica confianza; es un llamado a la esperanza. A la esperanza como sujeto y como verbo. Es pedirle a la Esperanza misma que acuda a nuestro campo de lucha, y enfrente con nosotros nuestras penas, lágrimas y quebrantos; que ella misma sea quien nos de esperanza. Es pedirle al

Autor y Consumador de nuestra fe que acuda a nuestro encuentro y nos llene de lo que sólo Él puede brindar: la seguridad de que sus obras en el pasado nos garantizan su presencia en nuestro presente.

Los conceptos bíblicos que describen la esperanza comenzaban a aparecer en el tiempo y en el espacio del alma de estas mujeres, como saetas luminosas que alumbran los oscuros cielos de un desierto. Algunas de ellas, como el «*batach*»: descansar sobre algo confiable. Otras, conceptos que hablaban de una esperanza dinámica, con movimiento, como el «*tigwa*»: la búsqueda de algo con gran expectativa. El Nuevo Testamento vestiría esta dimensión filológica con neologismos jamás imaginados. Algunos de ellos como el «*hupomenein*»: que literalmente significa perseverar o permanecer. Otros tales como «*prosdokan*»: esperar, y «*pepoithenai*»: confiar. Todos y cada uno de estos conceptos apuntalados sobre la única fuente de esperanza: Dios. Y allí, frente a la tumba donde ellas habían enterrado sus últimas esperanzas, aparecía nada menos que el Emanuel, sacudiendo los niveles del entendimiento humano para provocar un diluvio de esperanza y la manifestación de una gracia inefable. De ese Emanuel, el apóstol Pablo diría que Él, el *Cristós*, era nuestra Esperanza de gloria (Colosenses 1.27).

Cuando Jesús se acerca a la tumba, los cielos comenzaron a vestirse de melancolía. Y no era para menos; los arcángeles del alto trono habían comenzado a recibir noticias desde el corazón del Emanuel celestial. En el alma del Príncipe de Paz comenzaban a dibujarse unas emociones que los ángeles nunca han experimentado. El escritor del Sagrado Evangelio lo resumió con nueve letras, dos palabras. Son nueve letras eternas; son dos palabras que resumen la anchura, la largura, la profundidad y la altura del amor de Dios: «Jesús lloró.»

El amor del Dios encarnado era manifestado a través de unas lágrimas inquietantes, lágrimas que mostraban amor, que afirmaban y fortalecían la esperanza. Tan solo basta saber que la Palabra Activa de Dios, el Actor Constituyente de todo lo que existe, el Responsable de la hechura de los cielos y tierra es capaz de llorar frente a la tumba de un amigo, frente al dolor de un par de hermanas.

Pero la historia tan solo estaba comenzando. El Libretista Eterno había ideado un guión que transportaría estas escenas *in crescendo* hasta alcanzar un clímax no imaginado. De primera intención y como preámbulo de un milagro de fe y una oda a la esperanza, Aquél que calmó la tempestad con tan sólo una palabra, Aquél que llevó las aguas turbulentas a la calma con tan sólo decir la Palabra, Aquél que fue capaz de remover la piedra de su propio sepulcro, ahora invitaba a los presentes a participar de la acción de fe en medio del escenario del dolor. Una invitación sin precedentes a descansar en la Esperanza que proviene de la seguridad de saber que el eterno Yo Soy está presente. Una invitación a mirar a través de las densas nubes de la aflicción, auxiliados por las lentes de la fe para observar la meta dibujada en el tejido de la esperanza, matizada de esperanza y guiada por la misma esperanza. Un reto al dolor para que sin intentar minimizar sus embates, nos permitamos ser acompañados por una fe dinámica. Sí, Dios, como terreno último y objeto de nuestra esperanza, se hace presente frente a la tumba temida por María, frente a las tumbas temidas por nosotros los mortales, y desde allí nos invita a la acción, a una fe dinámica: «Quitad la piedra.»

El agotamiento mental y emocional de María le convoca a confrontar a Dios con las crudas realidades de su existencia. Su palabras han sido traducidas por la historia de mil y una manera: «No desentierres nuestro muerto.» «Permítenos terminar con esto.» «Dios, nuestra realidad es tan cruel y tan ruda que ni siquiera tu presencia es fuerza suficiente para lograr que mire yo a los horizontes de gracia.» «Señor, ya hiede la razón de mi dolor; la tumba por la que lloras es una tumba putrefacta en la que ya no hay esperanza.»

Y es que hay dolores que son capaces de anquilosar nuestra fe y detener nuestro peregrinaje. Pero qué bueno es saber que Dios no se amilana por nuestra sensibilidad ante el dolor, por nuestras debilidades frente a las pruebas, ni por nuestras limitaciones frente al turbión. Es por esto que tenemos esperanza, porque cuando nuestra alma nos dice «No puedo más», es allí donde la gracia divina nos recoge con ternura sin igual, nos levanta al regazo del Todopoderoso y con una voz poderosa como el trueno —pero dulce como el viento— nos dice con firmeza: «¿No te he dicho que si crees, verás la gloria de Dios?»

Tomás de Aquino ha dicho que la fe se funda solamente en la revelación y la ciencia solo en la razón. Y ya que ambas proceden de Dios, no puede haber entre ellas contradicción. En Cristo Jesús, María y Marta encontraban la manifestación más excelente de la revelación divina y la revelación de la ciencia celestial. El llamado de Jesús era más que un llamado, era una invitación a mirar al cielo reflejado en el rostro del Emanuel. Las hermanas que antes se habían manifestado preocupadas por esa frase de ocaso y de cenit —«ya hiede»— no hicieron sino eso: miraron el cielo en el rostro de Jesús. Al hacerlo, por un instante lograron olvidarse de sus dudas, echaron a un lado sus dolores, pospusieron su lágrimas y mandaron a quitar la piedra. ¡Gloriosa expresión es esta! ¡Cristo nos ha encargado quitar la piedra! Los poetas se inspirarían en esta orden celestial. Si quitamos las piedras, Él hará el milagro. Nosotros a cargo de lo posible y Él a cargo de lo imposible. Nosotros removiendo piedras y Él levantando los muertos. Nosotros haciendo posible los accesos a nuestras tumbas emocionales, espirituales, físicas y del alma, y Él vaciándolas con tan sólo decir la palabra de gracia.

Para quitar las piedras hay que creer, hay que escuchar su voz y mirar su rostro... Si creemos, seremos capaces de ver la gloria de Dios...

Cuando la piedra fue removida una tenue brisa comenzó a acariciar el rostro de las dolientes. Era una anuncio celestial de que algo increíble e insólito estaba a punto de suceder. El Maestro procedería a abrir las ventanas de los cielos y a sacudir el excelso trono de gloria. Lo haría sin pedir absolutamente nada. Lo haría dando gracias. Dios encarnado no necesitaba autoridad alguna para realizar lo que ya antes había hecho; la viuda de la aldea de Naín y su hijo lo sabían muy bien (Lucas 7.11-17). Cuando Cristo clama al Cielo le dice al Padre que lo ha hecho para que la gente que está a su lado pueda comprobar que Él es el enviado para salvar al mundo. La herramienta usada para abrir este entendimiento fue la acción de gracias. Él ya ha dicho que es la resurrección y la vida. No es tan solo que pueda resucitar a los muertos sino que sin Él no hay resurrección de muertos, pues es la resurrección misma: «Padre, gracias te doy por haberme oído. Yo sabía que siempre me oyes; pero lo dije por causa de la multitud que está alrededor, para que crean que tú me has enviado.»

El niño precoz que había observado las aves en silencio, reclamó la atención nuevamente. Uno de sus soldaditos de madera se le cayó de las manos y fue pisado por la pesuña inmisericorde de la mula de su madre. Con acento de intriga infantil y con la capacidad para auscultar el universo de forma multidimensional y simultánea, se lo escuchó decir en alta voz: «A mí me enseñaron a dar gracias por los alimentos, pero he aprendido a hacerlo cuando el plato está frente a mí en la mesa. ¿Cómo es que este puede dar gracias por algo que no sabemos lo que es ni lo que podrá ser? ¿Acaso da gracias porque ya comió?»

La ingenuidad del niño era tan sólo el marco relacional para una expresión revestida de gloria. Aquél que daba gracias por algo que los demás no sabían ni entendían, lo hacía antes de realizar milagro alguno para enseñarnos el poder que está detrás de la acción de gracias. No lo hacía por haber comido ya, sino por ser Él el pan de vida, el pan vivo que descendió del Cielo, el alimento celestial por excelencia.

Con licencia poética que raya en el atrevimiento, en mi sueño vi a Jesús mirar al niño con una mirada llena de picardía y con una sonrisa dibujada en todo el rostro. El niño entendió el mensaje y, devolviéndole la sonrisa, le dejó saber que ya entendía. Se volvió a su lado, empujó la mula con sus manos y su voz y se inclinó al suelo para recoger su soldado de madera. Entonces miró hacia el sepulcro.

En ese instante Jesús se volvió hacia la tumba y gritó en alta voz: «¡Lázaro, ven fuera…!»

Capítulo 11

El texto bíblico

«ESTABA ENTONCES ENFERMO uno llamado Lázaro, de Betania, la aldea de María y de Marta su hermana. (María, cuyo hermano Lázaro estaba enfermo, fue la que ungió al Señor con perfume, y le enjugó los pies con sus cabellos.)

Enviaron, pues, las hermanas para decir a Jesús: Señor, he aquí el que amas está enfermo. Oyéndolo Jesús, dijo: Esta enfermedad no es para muerte, sino para la gloria de Dios, para el Hijo de Dios sea glorificado por ella.

Y amaba Jesús a Marta, a su hermana y a Lázaro. Cuando oyó, pues, que estaba enfermo, se quedó dos días más en el lugar donde estaba. Luego, después de esto, dijo a los discípulos: Vamos a Judea otra vez. Le dijeron los discípulos: Rabí, ahora procuraban los judíos apedrearte, ¿y otra vez vas allá? Respondió Jesús: ¿No tiene el día doce horas? El que anda de día, no tropieza, porque ve la luz de este mundo; pero el que anda de noche, tropieza, porque no hay luz en él.

Dicho esto, les dijo después: Nuestro amigo Lázaro duerme; más voy para despertarle. Dijeron entonces sus discípulos: Señor, si duerme, sanará. Pero Jesús decía esto de la muerte de Lázaro; y ellos pensaron que hablaba del reposar del sueño. Entonces Jesús les dijo claramente: Lázaro ha muerto; y me alegro por vosotros, de no haber estado allí, para que creáis; mas vamos a él. Dijo entonces Tomás, llamado Dídimo, a sus condiscípulos: Vamos también nosotros, para que muramos con él.

Vino, pues, Jesús, y halló que hacía ya cuatro días que Lázaro estaba en el sepulcro. Betania estaba cerca de Jerusalén, como a quince estadios; y muchos de los judíos habían venido a Marta y a María, para consolarlas por su hermano. Entonces Marta, cuando oyó que Jesús venía, salió a encontrarle; pero María se quedó en casa. Y Marta dijo a Jesús: Señor, si hubieses estado aquí, mi hermano no habría muerto. Mas también sé ahora que todo lo que pidas a Dios, Dios te lo dará. Jesús le dijo: Tu hermano resucitará. Marta le dijo: Yo sé que resucitará en la resurrección, en el día postrero. Le dijo Jesús: Yo soy la resurrección y la vida; el que cree en mí, aunque esté muerto, vivirá. Y todo aquel que vive y cree en mí, no morirá eternamente. ¿Crees esto? Le dijo: Sí, Señor; yo he creído que tú eres el Cristo, el Hijo de Dios, que has venido al mundo.

Habiendo dicho esto, fue y llamó a María su hermana, diciéndole en secreto: El Maestro está aquí y te llama. Ella, cuando lo oyó, se levantó de prisa y vino a él. Jesús todavía no había entrado en aldea, sino que estaba en el lugar donde Marta le había encontrado. Entonces los judíos que estaban en casa con ella y la consolaban, cuando vieron que María se había levantado de prisa y había salido, la siguieron, diciendo: Va al sepulcro a llorar allí.

María, cuando llegó a donde estaba Jesús, al verle, se postró a sus pies, diciéndole: Señor, si hubieses estado aquí, no habría muerto mi hermano. Jesús entonces, al verla llorando, y a los judíos que la acompañaban, también llorando, se estremeció en espíritu y se conmovió, y dijo: ¿Dónde le pusisteis? Le dijeron: Señor, ven y ve. Jesús lloró. Dijeron entonces los judíos: Mirad cómo le amaba. Y algunos de ellos dijeron: ¿No podía éste, que abrió los ojos al ciego, haber hecho también que Lázaro no muriera?

Jesús, profundamente conmovido otra vez, vino al sepulcro. Era una cueva, y tenía una piedra puesta encima. Dijo

Jesús: Quitad la piedra. Marta, la hermana del que había muerto, le dijo: Señor, hiede ya, porque es de cuatro días. Jesús le dijo: ¿No te he dicho que si crees, verás la gloria de Dios? Entonces quitaron la piedra de dónde había sido puesto el muerto. Y Jesús, alzando los ojos a lo alto, dijo: Padre, gracias te doy por haberme oído. Yo sabía que siempre me oyes; pero lo dije por causa de la multitud que está alrededor, para que crean que tú me has enviado. Y habiendo dicho esto, clamó a gran voz: ¡Lázaro, ven fuera! Y el que había muerto salió, atadas la manos y los pies con vendas, y el rostro envuelto en un sudario.

Jesús les dijo: Desatadle, y dejadle ir.»

—Juan 11.1-44

Capítulo 12

La introducción
Lo que dice el evangelio

EL EVANGELIO DE JUAN, al igual que el Génesis, es un libro de principios. Para entender su complicada estructura basta imaginar a Juan y la comunidad de sus discípulos chocando con la realidad del mundo en el que les tocó vivir, y la misión que se les había encomendado. Por cierto, el Señor tardaría un poco más en venir de lo que había anticipado la primera generación de creyentes. Habían comenzado a desaparecer la mayor parte de esos testigos de primera fila, los que habían visto personalmente a Cristo y habían sido testigos de su muerte y resurrección. La comunidad de creyentes se encontraba peleando ya con la de la sinagoga, lo que validaría el rompimiento eterno entre ambos grupos. A todo esto, la iglesia naciente se encontraba en férrea batalla con un sin número de filosofías y movimientos que amenazaban con sacudir la fe y la estabilidad del Cuerpo de Cristo.

Ante estos reclamos la comunidad juanina decide darle forma a las enseñanzas, tradiciones y documentos obtenidos por el contacto con el discípulo amado. La estructura que inspira el Espíritu Santo es una en la que los lectores chocan con la realidad de que, en Cristo, Dios se da a la tarea de crear otra vez al ser humano.

Debo aclarar que las condiciones contextuales que dan a luz este evangelio son muy complicadas, pero creo que algunas pistas exegéticas nos ayudarán a entender mejor el mensaje que este evangelio transmite. Dicho esto, y sin la intención de tornar el matiz de este libro en uno de exégesis con énfasis en la crítica literaria, permítame dibujar dos tangentes hermenéuticas y teológicas que, me parecen, nos ayudarán a tener un mejor entendimiento del mensaje juanino.

En una aventura retórica complicadísima, me parece que es Ravi Zacharias uno de los mejores exponentes de las necesidades y retos que enfrenta la iglesia de finales del primer siglo de la era cristiana. Ravi postula que los cristianos de esa época eran creyentes de tres mundos: uno judío, uno helénico y uno romano. Ravi añade a esto que la búsqueda de cada uno de estos mundos o universos culturales podía ser sintetizada con una sola palabra.

Para él, la búsqueda de los judíos era *la luz*. De ahí el énfasis en que la creación del universo comienza a cobrar definición con la creación de la luz (Génesis 1.3). El pueblo judío entiende que la creación del universo es posible mediante la palabra de Dios y su creación de la luz. También, las explicaciones para sostener que el pueblo que estaba en tinieblas se salva al ver gran Luz (Isaías 9.2), que el Señor de los cielos es luz y salvación de su pueblo (Salmo 27.1) y que el llamado al pueblo de Dios, es un llamado a levantarse y resplandecer, ya que La Luz ha venido a él (Isaías 60.1).

Para los griegos, argumenta Ravi, la búsqueda se podía sintetizar en *el conocimiento*. El famoso *gnosis* griego formó parte de casi todos los esfuerzos que buscaron darle sentido a lo que esa etnia fue como cultura e influencia: el conocimiento de la verdad. Al mismo tiempo, el Dr. Zacharias apunta a que los romanos manifestaban el entendimiento de su misión en la búsqueda de *la gloria*; Roma era y debía ser gloriosa.

La misión de la comunidad de creyentes en un ambiente *trimundista* obligaba a la iglesia a responder con las herramientas apropiadas para satisfacer las necesidades de esas tres dimensiones culturales. De ahí que Ravi interprete a 2

Corintios 4.6 como la respuesta del apóstol Pablo a ese reclamo: «Porque el Dios que dijo: "La *luz* resplandezca de las tinieblas" es el que ha resplandecido en nuestros corazones, para iluminación del *conocimiento* de la *gloria* de Dios *en el rostro de Jesucristo*» (RVA).

¿No es esto fascinante? De manera magistral, el Dr. Zacharias nos deja ver que Pablo está muy claro en sus responsabilidades como ciudadano de tres mundos y que responde a esto declarando que la luz, el conocimiento y la gloria solo pueden ser obtenidos de Dios en el rostro de Jesucristo.

Teniendo esta información a mano, me parece igualmente desafiante saber que la iglesia que lee el Evangelio de Juan por primera vez enfrenta el mismo dilema y tiene la obligación de saber responder a las necesidades de esos tres mundos. De ahí que el escritor de este cuarto evangelio no se limite a presentarnos el cuadro de un nuevo Génesis (Juan 1.1) y de una nueva creación del hombre con barro y soplo del Espíritu (Juan 9 y 20.22), sino que nos envuelve en reflexiones teológicas que intentan cubrir esa responsabilidad tridimensional en Cristo Jesús.

Es en el Evangelio de Mateo que Jesús llama a sus discípulos *la luz del mundo* (Mateo 5.14), pero es en Juan donde encontramos que Jesús es llamado «La Luz del Mundo»: «Yo soy *la luz* del mundo, el que me sigue, no andará en tinieblas, sino que tendrá la luz de la vida» (Juan 8.12b).

En este evangelio, Jesús se compara a la luz unas diecinueve veces. Él es la luz en la que estaba la vida (Juan 1.4), la luz que rechazaron los hombres (Juan 1.5), el que vino como testimonio de la luz para que todos creyesen por Él (Juan 1.7), la luz verdadera (Juan 1.9), la luz que los hombres rechazan por amar más las tinieblas (Juan 3.19), aquél a quien vienen aquellos que son de la verdad (Juan 3.21), aquél que puede decir que mientras esté en el mundo, es luz del mundo (Juan 9.5).

Es en este evangelio que Jesús responde al temor de los discípulos frente al reclamo de ir a enfrentar la muerte de Lázaro, que sólo deben temer aquellos que caminan de noche. O sea, que mientras Él esté con ellos, no deben temer siquiera a la muerte porque es la luz que convierte la noche en día (Juan 11.9-10).

Es en este evangelio que chocamos con la invitación del Señor a que ampliemos nuestro conocimiento. En este evangelio se nos señala que Jesús es el único que puede dar a conocer a Dios (Juan 1.18). Qué solo es posible conocer al Padre a través de Cristo (Juan 8.19). Es en este evangelio que Juan el Bautista declara que la mayor revelación que Dios le ha hecho al mundo, el mundo aún no la conoce (Juan 1.26). Es también aquí que se nos invita a conocer el don de Dios (Juan 4.10) y donde los discípulos cualifican su declaración de que Cristo es el Hijo de Dios, diciendo que no solamente han creído, sino que conocen que Cristo es el Santo de Dios (Juan 6.69). Es en este evangelio donde se señala que Cristo conoce a Dios porque procede de Él (Juan 7.29); que el Padre lo conoce tal como Él conoce al Padre (Juan 10.15;14.7), una frase que iguala a Jesús con el Padre. Y uno de los versos más ricos del Nuevo Testamento, también se encuentra en este cuarto evangelio: «Si vosotros permaneciereis en mi palabra, seréis verdaderamente mis discípulos; y *conoceréis la verdad*, y la verdad os hará libres» (Juan 8.31b-32).

En el Evangelio de Juan leemos de Cristo tal como que fue revelado para que los hombres pudieran ver su gloria, gloria como la del Unigénito Hijo del Padre (Juan 1.14). Es también aquí que se nos dice frente al dolor de la muerte de Lázaro, que la muerte de este es para dar a conocer la gloria de Dios y que el Hijo sea glorificado (Juan 11.4).

Es en el cuarto evangelio que encontramos que Cristo declara que la gloria de Dios le pertenece, porque el Padre se la ha dado y que el Hijo se ha atrevido a regalársela a los que creen en Él: «La gloria que me diste yo les he dado, para que sean uno, así como nosotros somos uno» (Juan 17.22).

Pero no se detenga aquí: continúe leyendo para que observe un buen resumen de lo que hemos expuesto hasta aquí:

> *«La gloria que me diste yo les he dado, para que sean uno, así como nosotros somos uno. Yo en ellos, y tú en*

mí, para que sean perfectos en unidad, para que el mundo conozca que tú me enviaste y que los has amado a ellos como también a mí me has amado. Padre, aquellos que me has dado quiero que donde yo estoy, también ellos estén conmigo, para que vean mi gloria que me has dado; porque me has amado desde antes de la fundación del mundo.»

—JUAN 17.22-24

¡Maravillosa palabra de Dios! Que Cristo es superior a Roma, que es superior a la gloria imperial. Cristo es superior a la búsqueda y a la gloria de cualquier imperio. Él es superior a la Creación, pues es el único capaz de revelar la gloria suprema, la de Dios. Es capaz de hacerlo porque esa gloria le pertenece aun antes de la creación de la luz, antes de la fundación del mundo.

Juan le dice al mundo que el Cristo es superior al *gnosis* de los griegos. Él declara que el único *conocimiento* que salva es el de que Cristo es la revelación de Dios al mundo; el Unigénito Hijo del Padre es el único portador de la salvación del mundo. Cristo, no solamente es superior a la gloria y al conocimiento, sino que es superior a la fundación del mundo, porque Él es la Luz del Mundo.

El Evangelio de Juan se presenta en un contexto posterior a la destrucción de la ciudad de Jerusalén. Los judíos creyentes y los no creyentes que se acercaban a este evangelio lo hacían tratando de manejar los dolores de haber perdido los símbolos de su identidad nacional y de su cohesión como pueblo. En momentos como esos, Israel gustaba de acudir al mensaje de sus profetas; los documentos sagrados que tanta bendición y esperanza habían producido en tiempos de cautiverio, esclavitud y dispersión.

¿No le parece esta una reacción similar a la de la iglesia de todos los tiempos? ¿Una iglesia que sabe refugiarse en la Palabra profética en tiempos como este; una iglesia no muy distinta a la nuestra, que cuando enfrentamos nuestras crisis gustamos de refugiarnos en las declaraciones que Dios le ha dado a su pueblo a través de su Palabra?

Dentro del marco profético que ha movido al pueblo judío a través de todas sus crisis, hay dos promesas que Dios les había dado que me parecen vitales para entender el Evangelio de Juan. Invito al lector a que pacientemente lea las referencias bíblicas que incluyo a continuación, mirando con atención todas las palabras y las frases subrayadas por el autor:

> *«Sucederá en días futuros que el monte de la Casa de Yahveh será asentado en la cima de los montes, y se alzará por encima de las colinas. Y afluirán a él los pueblos, acudirán naciones numerosas y dirán: "Venid, subamos al monte de Yahveh, a la Casa del Dios de Jacob, para que él nos enseñe sus caminos, y nosotros sigamos sus senderos." Pues de Sión saldrá la Ley, y de Jerusalén la palabra de Yahveh. El juzgará entre pueblos numerosos, y corregirá a naciones poderosas; forjarán ellas sus espadas en azadones, y sus lanzas en podaderas. No blandirá más la espada nación contra nación, ni se adiestrarán más para la guerra. Se sentará cada cual bajo su parra, y bajo su higuera, sin que nadie le inquiete, ¡la boca de Yahveh Sebaot [de los Ejércitos] ha hablado!»*
>
> —MIQUEAS 4.1-4 (BJ, énfasis añadido)

> *«Y he aquí la piedra que yo pongo delante de Josué; en esta única piedra hay siete ojos; yo mismo grabaré su inscripción —oráculo de Yahveh Sebaot— y quitaré la culpa de esta tierra en un sólo día. Aquél día —oráculo de Yahveh Sebaot— os invitaréis unos a otros bajo la parra y bajo la higuera.»*
>
> —ZACARÍAS 3.9-10 (BJ, énfasis añadido)

> *«Jehová tu Dios te levantará un profeta como yo de en medio de ti, de entre tus hermanos. A él escucharéis. Conforme a todo lo que pediste a Jehová tu Dios en Horeb el día de la asamblea, diciendo: "No vuelva yo a oír*

la voz de Jehová mi Dios, ni vuelva yo a ver este gran fuego; no sea que yo muera." Jehová me dijo: "Está bien lo que han dicho. Les levantaré un profeta como tú, de entre su hermanos. Yo pondré mis palabras en su boca, y él les hablará todo lo que yo le mande. Y al hombre que no escuche mis palabras que él hablará en mi nombre, yo le pediré cuentas.»

—DEUTERONOMIO 18.15-19 (RVA)

La expresión «bajo su parra y bajo y su higuera» se explota en 1 Reyes 5.5, y para Israel se convirtió en sinónimo de seguridad, holgura y estabilidad religiosa, económica y política. El pueblo judío de finales del primer siglo sin duda alguna se refugiaba en esas promesas, con la esperanza de que su restauración llegaría en algún momento, tal y como había sido prometido. Particularmente, cuando un imperio cuya ciudad capital estaba asentada sobre siete colinas, la había ya arrasado de manera inmisericorde.

Habiendo afirmado este dato, permítame invitarlo a leer el último pasaje bíblico de este capítulo:

«Felipe se encuentra con Natanael y le dice: "Ése del que escribió Moisés en la Ley, y también los profetas, lo hemos encontrado: Jesús el Hijo de José, el de Nazaret." Le respondió Natanael: "¿De Nazaret puede haber cosa buena?" Le dice Felipe: "Ven y lo verás." Vio Jesús que se acercaba Natanael y dijo de él: "Ahí tenéis a un israelita de verdad, en quien no hay engaño." Le dice Natanael: "¿De qué me conoces?" Le respondió Jesús: "Antes de que Felipe te llamara, cuando estabas debajo de la higuera, te vi." Le respondió Natanael: "Rabbí, tú eres el Hijo de Dios, tú eres el Rey de Israel." Jesús le contestó: "¿Por haberte dicho que te vi debajo de la higuera crees? Has de ver cosas mayores.»

—JUAN 1.45-50 (BJ, énfasis añadido)

El lector puede llegar a sus propias conclusiones. Me

parece que es obvio que el Evangelio de Juan se escribe y se redacta de frente a acontecimientos que no se pueden pasar por alto y mucho menos manejar a la ligera. Los verdaderos israelitas, los que anhelaban sentarse debajo de las higueras —no para recordar las promesas, sino para comenzar a experimentar el cumplimiento de ellas— tenían que reconocer la realidad de la declaración de Natanael: Cristo es el Rey de Israel y el Hijo de Dios.

Pero para que esto pudiera ser una realidad viva y no meras especulaciones filosóficas y teológicas, el verdadero israelita tendría que estar dispuesto a contemplar «cosas mayores...»: sentarse bajo la sombra de la «Vid verdadera» que colgaba desde una Cruz en el Gólgota. Desde allí y sólo allí, se podría ver el cielo abierto y a los ángeles de Dios subir y bajar sobre el Hijo del Hombre (Juan 1.51).Y que esta revelación tiene como propósito central dar a conocer la mayor revelación que ha existido jamás; el amor con el que Dios ama al mundo a través de su Hijo Cristo. ¡Glorias sean dadas a nuestro Rey y Salvador!

Entonces, el Evangelio de Juan es de esperanza para cualquier lector que se acerque a él. Es portador de esperanza para aquellos que, buscando iluminación para sus vidas, chocan en él con La Luz del Mundo. Es portador de esperanza para aquellos que en su búsqueda de la verdad se confrontan con la necesidad de conocer «El Verbo» encarnado, que es la Verdad de la vida eterna. Y es semillero de esperanza para quienes en búsqueda de gloria y reconocimiento, se encuentran con la verdad inequívoca de que no hay gloria más excelsa que la que ofrece el Padre a través de su Hijo Cristo.

Capítulo 13

El análisis:

el lenguaje del dolor

¿EN DÓNDE SE ENCONTRABA usted cuando le llegó la noticia de la trágica muerte de «La Princesa del Pueblo», Lady Diana Spencer, la princesa de Gales? Para los lectores mayores, esta pregunta cobra igual significado respecto de John F. Kennedy, ocurrida en Dallas, Tejas, en noviembre de 1963.

La pregunta me sirve como ancla para explicar que como seres humanos podemos experimentar pérdidas colectivas e individuales, y que ambas son igualmente significativas. Son tan significativas que podemos recordar por el resto de nuestros días el lugar en el que nos encontrábamos y las cosas que realizábamos cuando se nos dio la noticia. No todas las pérdidas se traducen como la muerte de alguien significativo, pero causan profundos dolores, ya sea porque destrozan nuestros sueños, nuestras metas o porque se encargan de hacer pedazos ciertas aspiraciones míticas, nuestros héroes y/o nuestras figuras significativas y más queridas.

Hay pérdidas reales, concretas o abstractas y amenazantes. Muchas personas van por la vida sin recuperarse de ellas. Las pérdidas nos enseñan que no podemos tener lo que queremos, y esto es, de por sí, una antítesis de lo que el mundo nos quiere enseñar, pues el mundo quiere satisfacción inmediata. Aun los grandes hombres de Dios tuvieron que enfrentar las suyas. Un buen ejemplo de esto lo tenemos en el apóstol Pablo. Este hombre de Dios debió enfrentarse a un «aguijón» en su carne que no se iba. Las posibilidades de lo que pudo haber sido ese aguijón han aumentado con el pasar de los años; no sabemos a ciencia cierta de qué se trataba. Pero sí sabemos que él quería que se fuera; mas no se fue. Pablo tuvo que aprender que había un propósito. El poder de Dios era más evidente en su vida a causa del aguijón.

Cuando experimentamos cosas así, de verdad podemos descubrir el consuelo de Dios. Esto es parte del proceso de la pérdida. La Biblia nos regala pistas al respecto. Entre otras cosas, nos dice que las pérdidas pueden producir lo siguiente:

- Filipenses 3.7-9: Pueden traer purificación.
- Santiago 1.2-4: Pueden traer paciencia y perseverancia.
- 2 Corintios 12.7: Pueden traer humildad.
- 2 Corintios 12.8-10: Pueden enseñarnos a ser dependientes de Dios (fuente de poder y consuelo).

Los seres humanos experimentamos ese sentimiento de pérdida desde que nacemos. Comienza cuando somos niños; perdemos un helado, un juguete, una pieza de ropa, una mascota, lo experimentamos en un regalo que esperábamos y no recibimos. Lo experimentamos cuando un amigo comienza a jugar con otro, o cuando nuestros padres deciden mudarse. Desgraciadamente, no se nos anima ni estimula a llorarlas o a sufrirlas. De ahí que muchas de estas pérdidas «insignificantes» se tornan entonces en grandes pesadillas, al no padecerlas ni llorarlas adecuadamente.

De adultos seguimos experimentado pérdidas. Nos sucede cuando nos retiramos del trabajo, o peor aun cuando perdemos el trabajo. Se siente un tanto igual cuando comenzamos a darnos cuenta de que estamos envejeciendo. Hay pérdidas en los amigos de la secundaria o la universidad que no volvimos a ver jamás, en los cambios de trabajo que no esperamos, en los abortos o en los bebés que nos nacieron muertos. Se experimenta ese sentido de pérdida en las separaciones o en los divorcios.[11] Las pérdidas más dolorosas son las de los seres significativos. Algunas crean heridas que tardan mucho en cerrar o no se cierran jamás.

Usualmente, nuestra primera pregunta ante ellas es «¿Por qué?»; y casi siempre encontramos a alguien que con muy buenas intenciones desea contestarla; respuesta que no nos interesa conocer en esos instantes. Frente a las pérdidas muchas veces ni siquiera Dios es oído. Los especialistas en este tema casi siempre encuentran auxilio demostrativo en el libro de Job. Este hombre frente a sus pérdidas hace la primera pregunta dieciséis veces: «¿Por qué?» Job nunca recibe respuesta.

Me parece que la primera medicina frente a las pérdidas es «llorar con los que lloran...» Sin palabras, con un toque en el hombro. Hay que aprender a llorar las pérdidas que hemos experimentado, y los consejeros cristianos deben ayudar a la gente a llorar las suyas. ¿Cuál es la pérdida que el lector no ha podido sufrir y llorar? Para su consuelo, se estima que el 85% de los seres humanos tiene una. Si no la enfrentamos, será peor enfrentarse a la próxima. Uno de los grandes enemigos que enfrentamos es que nuestra sociedad enfatiza las victorias y no le gusta hablar de las pérdidas; son consideradas negativas.

Cuando el mundo experimenta la pérdida de una leyenda, (como en el caso de los magnicidios de Kennedy y Luther King, o las muertes trágicas de Lady Di y Elvis Presley), podemos sentir que esa pérdida es nuestra, como si hubiésemos perdido a alguien de la familia. Cuando esa pérdida es la de un ser íntimo, las sensaciones son casi indescriptibles. Usted puede hasta experimentar que el tiempo y el espacio se detienen, y que la vida lo obliga a darle colores a otros aspectos antes poco significativos.

Hay preguntas obligadas frente a la pérdida causante del dolor más agudo: la muerte. ¿Cómo manejamos el dolor? ¿Cómo manejamos las pérdidas, en especial aquellas que envuelven seres queridos? ¿Nos hemos preguntado si estamos preparados? ¿Habrá maneras que nos permitan manejar mejor nuestras experiencias de dolor?

Las preguntas son relevantes, toda vez que en la iglesia hay mucha gente que se ha desarrollado bajo la impresión de que estaremos exentos del dolor porque el Señor los quitará todos. Aunque en verdad, todos sabemos que no escaparemos al dolor mientras estemos en el mundo.

¿Cómo podremos entonces ayudar a otros a manejar sus dolores? Para poder hacerlo tenemos que ser capaces de manejar no solo nuestros dolores, sino nuestras pérdidas. Y es este el tema que este pasaje bíblico trata con maestría singular. Aun con los atenuantes de la presencia física de Cristo, los personajes de este pasaje bíblico tienen que enfrentar un dolor de tal naturaleza que es capaz de hacer llorar al Dios encarnado en Cristo.

Lo invito a orar por un instante antes de seguir con la lectura de este capítulo, de modo que el Señor lo pueda dirigir a un mejor entendimiento de lo que es el dolor y cómo manejar las pérdidas; las propias y las ajenas. Esto es necesario, especialmente en una América repleta de seudoteologías de bolsillo que intentan alienar a los creyentes de la realidad en que viven, al mismo tiempo que nos sumimos en un ciclo inacabable de experiencias dolorosas y de pérdidas significativas. Pidámosle al Señor que nos permita desembarazarnos de nuestros temores y estructuras que se oponen a lo que Él quiere que comencemos a comprender desde hoy. Sabemos muy bien que el Señor nos ha prometido que su victoria sobre el mundo cancelará nuestras lágrimas. Pero en lo que ese día llega, tenemos la obligación de ser buenos cristianos y siervos. Para eso necesitaremos saber enfrentar el dolor.

Un detalle importante para esta reflexión son los errores que cometemos manejando esos dolores, las falsas expectativas que nos creamos y las ocasiones en que parecemos estar perpetuando los mismos. La mayoría de los dolores no necesariamente deberán estar con nosotros todo el tiempo que los guardamos. Y hay dolores que los seguimos llevando a cuesta aun sin saberlo. Es a lugares como estos a los que esta reflexión intenta llegar.

Este pasaje del Evangelio de Juan enfatiza entre otras cosas que aquello que comunicamos como mensaje salvador debe subrayar que la vida tiene significado, propósito y esperanza, si entendemos que el producto vital e ineludible de ella es determinado por nuestras relaciones con Dios y con nuestros semejantes.

Y es en el contexto de este pasaje que la Biblia gusta de enfatizar el valor de la vida; en el contexto de las pérdidas. Ellas traen consigo todo un protocolo de reacciones y alternativas para que las manejemos. Los especialistas en este tema hasta llegan a clasificarlas y aplicarles escalas. Se dice que hay pérdidas mayores y pérdidas menores. Ambas, al igual que las crisis, son acumulativas: acumulan puntos de tensión.[12] Y a mayor número de puntos acumulados, mayor es nuestra propensión a enfermarnos. A menudo la pérdida o la crisis que nos motiva a buscar ayuda es el último medio o la más reciente de una serie de cambios y pérdidas.

Capítulo 14

El análisis:

el lenguaje de la crisis

PARA COMENZAR con la discusión se hace necesario desglosar y analizar algunos conceptos que están diseminados por todo este pasaje. He seleccionado este enfoque por encontrar que el mismo resume de manera especial la centralidad y la importancia de gran parte de las labores ministeriales que se desarrollan. La realidad es que, como ministro, me encuentro invirtiendo más del 50% de mi tiempo en lidiar con crisis; tanto accidentales —las más comunes— como de desarrollo.

Uno de los mejores especialistas en este tema es el Profesor Howard Stone, quien presenta la totalidad de su definición de lo que es una crisis en varios de sus trabajos escritos. El profesor Stone define el concepto «crisis» como la reacción interna a un evento externo. La misma se desarrolla con un evento precipitante, seguido de una evaluación en la que se afecta nuestro equilibrio. Luego está el esfuerzo de nuestro sistema para mantener el equilibrio y por último el fracaso de los sistemas o crisis.[13] Marta y María estaban en crisis.

Hablar de crisis no es hablar de un evento externo, ya que este es tan solo el evento precipitante. Hablar de crisis es hablar de la totalidad de las reacciones en las que el ser humano se sumerge cuando le fracasa su sistema para lidiar con ese evento precipitante.[14] Es por esto que Marta parece enloquecer cuando tiene la oportunidad de hablar con Jesús. Todas sus herramientas para lidiar con este problema habían fracasado.

Es con estas realidades que nosotros los pastores nos encontramos lidiando día tras día. La mayoría de los autores responsables que trabajan con este tema intentan lograr que los estudiantes de este campo puedan proyectarse al manejo de la conceptualización de lo que es una crisis. O sea, ver esta conceptualización no solo como el producto de trabajos de especialistas de la talla de Antón Boisen y de Sigmund Freud, sino como una realidad que encierra oportunidades para el crecimiento y el desarrollo espiritual y emocional. Un crecimiento que muy bien puede darse a base de los procesos intelectuales y emocionales que se desarrollan al trabajar con las personas en crisis.

De los trabajos de otros especialistas, Erich Lindemann y de Gerard Caplan, se desprenden áreas tan básicas como el manejo de los procesos de duelo y de la angustia, y de los peligros que surgen al equivocar las avenidas que se utilizarán para manejarlos. Estas avenidas serán enteramente responsables de la salud emocional y mental que disfrutarán o sufrirán aquellos que son aconsejados posteriormente.

El profesor Howard Stone continúa haciendo referencia a su primera definición de crisis. Él la llama «un tiempo crucial» o punto de viraje. Luego la define como una reacción interna a una amenaza externa.

Al principio de esta sección señalé que existen dos tipos de crisis; las de desarrollo y las accidentales. Por crisis de desarrollo se entienden todos aquellos eventos que forman parte de la vida y el desarrollo normal de un ser humano. Algunas de ellas son nacer, el aprender a caminar, ir a la escuela, graduarse, casarse. Se pueden diferenciar de aquellas a las que llamamos también como situacionales, que son excepcionales e impredecibles. Algunos ejemplos los tenemos en los accidentes de tránsito, los divorcios (traumáticos), el descubrir la adicción en un familiar cercano, la pérdida del trabajo o una enfermedad terminal.

Es importante plantear de qué la consejería en las crisis trata acerca de la metodología que se utiliza para ayudar a los seres humanos a manejar esos momentos de sus vidas. Los objetivos de los ministros en una situación así deben ser los siguientes:

- Ayudar a reducir el impacto precipitante.
- Fortalecer a la persona mediante la enseñanza de nuevos métodos para lidiar con la situación.

Es por esto que la intervención en las crisis tiene que ser vista como consejería de crecimiento y no como el proceso de cubrir una herida con un vendaje desechable.

Los pastores somos las personas con las mayores oportunidades para acercarnos a las personas en crisis, ya que casi siempre somos los primeros en ser llamados, dada nuestra accesibilidad. Y aun cuando no se nos llame, siempre podemos presentarnos con iniciativa propia. Nos ayuda también el que nuestro objetivo es familiar y no individualista. Es imprescindible destacar que un recurso vital para las personas en crisis es el poder ser rodeadas con figuras significativas.

Una persona en crisis es alguien que ha comenzado ha perder la perspectiva; es presa fácil de la ansiedad; se siente a menudo desesperanzado e indigno. Esta persona se ve a sí misma con un futuro incierto, bloqueada por su situación actual. Es aquí que la fe se convierte en una herramienta vital como fuerza que se contrapone a las dinámicas de la crisis. La autoridad del ministro como representante de Dios juega aquí un papel de crucial importancia.

Uno de los autores citados por el Profesor Stone es Howard Clinebell, a quien tuve el privilegio de conocer mientras él dictaba un curso graduado de consejería pastoral en el Seminario Evangélico de Puerto Rico. En el análisis que hace Clinebell de las crisis, ha concluido que estas, a menudo, confrontan al ser humano con los vacíos existenciales que tiene y con la pobreza de sus relaciones. Es por esto que un ministro necesita estar adiestrado para manejar las preguntas y los temas que se traslucen de la realidad última de los seres humanos. Esto es, los valores y significados: Dios y su significado.

Nosotros, como pastores, le añadimos a la consejería una perspectiva que no le pueden añadir los consejeros seculares. Después de todo, debemos ser más efectivos en estas intervenciones dado el hecho que, tal como plantea Stone, del análisis de los asuntos últimos de cada crisis se desprende que los centros sobre los que estas pivotean; son centros religiosos.

Desde esta perspectiva se puede explicar por qué los pastores podemos observar o «leer» otras luchas y problemas dentro de las verbalizaciones que nos hacen los aconsejados. Un buen ejercicio para rescatar significados profundos de conceptos teológicos tales como la fe, Dios, gracia y esperanza, entre otros. El que hayamos proyectado los significados correctos de estos conceptos durante nuestro ministerio nos abrirá puertas y espacios para desarrollar los procesos de intervención en crisis, algunas veces sin tener que decir palabra alguna.

¿Qué podemos hacer en momentos de crisis? ¿Cómo podemos ayudar a aquellos que están atravesando por crisis y que nos piden ayuda? Es importante señalar que los mejores resultados se obtienen si logramos conseguir que un especialista se encargue o nos ayude con la situación. Luego de enfatizar en esto, he aquí algunos consejos y sugerencias.

Primeramente, recuerde que los problemas de la persona que busca su ayuda causan tensión en el organismo, el cual moviliza sus sistemas de solución de problemas.

Segundo, que el fracaso de estas respuestas y la continua necesidad de concluir la situación aumentan los niveles de ansiedad.

Tercero, que cuando se llega a un punto vital esto se convierte en un estímulo y se activan y movilizan los recursos anticrisis; recursos adicionales que no sabemos que tenemos.

Son reservas de emergencia, mecanismos con métodos nóveles para resolver problemas. La gente tiende a buscarle nuevas definiciones, de manera que su situación se parezca a experiencias ya vividas; a esto le llamamos «la búsqueda de una nueva perspectiva». Regularmente, nos hacemos conscientes de aspectos que antes tendíamos a rechazar, ó simplemente negamos otros que son dolorosos. A veces nos rendimos, dejamos de pelear en áreas que sabíamos que no podíamos ganar, pero que seguíamos intentándolo.

En cuarto lugar, si el problema no se resuelve, aumenta el estrés interno. Este aumentará hasta que lleguemos a un punto en que nos haremos pedazos y nos desmoronamos. Algunos ejemplos de cambios que provocan estrés, son los cambios de trabajo, promoción, graduación de colegio, etcétera.

Recordemos que no todo el mundo reacciona igual ante ellos, y que la crisis no es algo «le sucede a la gente» sino que ocurre «en» la gente, y que una crisis es más que el dolor, el peligro o el estrés. Algunos ejemplos de crisis del pasado:

- Experiencias con los abusadores.
- Experiencias con los violadores.
- Experiencias con los misóginos.
- Los que han tenido madres con pasados dudosos.
- Los que no han tenido buenos modelos paternos/maternos.
- Los que, teniéndolos, descubren no haberlos apreciado correctamente.
- Los que se desarrollaron en ambientes de poco cariño (poca expresividad).
- Quienes tuvieron adolescencias con poco cariño paternal.
- Los que se desarrollaron en ambientes de poca comunicación materna.
- Los que se extralimitaron en el uso de su autoridad paternal/maternal.
- Los que sufrieron experiencias traumáticas tales como: accidentes, asaltos, enfermedades, ser molestados sexualmente, y/o violación infantil, abuso sexual en la adolescencia.

Permítame subrayar algunos consejos básicos para lidiar

con situaciones de crisis. A estos consejos se los ha llamado «el ABC del Modelo de Entrenamiento para Consejeros en Crisis». Cuando usted esté frente a una persona que atraviesa una crisis:

Establezca una relación de confianza y cuidado

- Escuche sin juzgar y con mucho cariño lo que la persona esta sintiendo y experimentando ("Amor que escucha"). Verifique que usted ha entendido lo que la persona le está diciendo.
- Permita que la persona experimente su calor y su compromiso, atendiendo, escuchando y respondiendo con empatía.
- Pídale a la persona que le cuente acerca de su crisis. Cuándo comenzó, cómo se desarrolló, cómo se siente ahora.
- Deje que la persona sepa que usted quiere trabajar unido a ella para encontrar algo que ella pueda hacer para hacer mejor la situación.
- Afirme a la persona; destaque las fortalezas que encuentra en ella.
- Vea a la persona como una con oportunidad de crecer en medio de la crisis.

Separe el problema en sus partes más importantes

- Ayude a la persona a separar las partes de las que se compone la crisis.
- Ayude a la persona a escoger con cual parte trabajará primero.
- Estimule a la persona a describir sus esfuerzos previos en esa área (para no repetir esfuerzos que no dieron resultados).
- Ayude a la persona a pensar en otras alternativas.
- Ayúdela a examinar estas alternativas y sus consecuencias probables.

Rete al individuo a dar pasos constructivos

- Enfatice en la planificación.
- Busque compromiso en la implementación.
- Ayúdela a vencer las resistencias.
- Manifieste su apoyo en la crisis con esperanzas reales.
- No permita que acuerde o decida realizar algo que el individuo no pueda hacer por sí mismo.

Desarrolle un plan de crecimiento y acción ("Ongoing")

- En la próxima entrevista pídale que describa lo que pasó en esa fase del plan de acción (implementación).
- Ayúdele a establecer las metas de las otras partes de su crisis.
- Señalar que a mayores historias de victoria sobre secciones o partes de su crisis, menor será la tensión y mayores las probabilidades de éxito.
- Estimule a la persona a salir a ayudar y a ser ayudado por otros que atraviesan crisis similares.

Capítulo 15

El análisis:

El lenguaje de la muerte

ESTE PASAJE BÍBLICO (Juan 11) se centraliza en una crisis en particular: la muerte de un ser querido. Es la más grande de las pérdidas.

Uno de los más grandes especialistas en este tema es el profesor Wayne Oates.[15] Él comienza la descripción de la variedad de opciones que podemos encontrar en los casos de angustia y separación. Decide hacerlo a partir del repaso de la definición que él mismo ha provisto para la clase de angustia que proviene de la pérdida de un ser querido con el que hemos realizado un enganche emocional profundo. Cuando se estudian sus libros se concluye que hay oportunidades para trabajar este tipo de angustia de una manera creativa. Esto es, permitiendo que la persona envuelta en ella pueda crecer a través de esa experiencia.

Debo señalar que no se puede asumir esta postura frente a todos los casos de angustia por separación. Y ya que esto es así, es entonces necesario preguntarse cuáles son las variables responsables de provocar diferentes reacciones frente a la pérdida de un ser querido. A continuación presento algunas de ellas.

Variables en la angustia ocasionada por la muerte

El largo de la relación

Siempre será significativo la acumulación de experiencias y el resultado de estas en nuestra memoria. Generalmente esta acumulación será directamente proporcional al tiempo que hayamos compartido con esa persona. Un ejemplo que podemos presentar son las parejas de esposos que han estado casados por muchos años. A ellos se les hace muy difícil sobrevivir a la muerte del primero, haciéndose más patentes cuando nos vemos obligado a trabajar con estos recuerdos. El proceso de angustia se convierte en un campo fértil para los ejercicios que trabajan con esas memorias dulces.

La calidad de esa relación

No todas las muertes son rechazadas. Una persona desatendida durante su enfermedad o con pobres lazos emocionales puede morir sin dejar tras sí un cuadro de angustia profunda. Es más, algunas veces puede producir sentido de culpa. La historia es muy diferente si las relaciones afectivas han sido muy fuertes. A mayor calidad de la relación afectiva, más difícil será la pérdida.

Angustia diacrónica y anacrónica

Se debe puntualizar enfáticamente la diferencia existente entre la angustia producida por la partida de un anciano y la producida por la muerte súbita de un joven o una niña. Especialmente si esta última es accidental o por una enfermedad que provoca la muerte de forma inesperada. La pérdida del anciano es diacrónica, porque se da a lo largo de un espacio de tiempo en el que técnicamente «nos preparamos» para ello. Ese tipo de angustia se entiende como adelantada; es como si llorásemos nuestros muertos antes de que se fueran y entonces sus muertes se hacen menos dolorosas y hasta liberadoras.

En cambio, las muertes súbitas, las de un joven, o aquellas

que se producen en accidentes o enfermedades que arrancan inesperadamente la vida de algún ser querido, son consideradas productoras de angustias anacrónicas. Son angustias que rompen los patrones de espacio y tiempo.

La naturaleza de la muerte

Así como no son similares todos los procesos de muerte, tampoco lo son las reacciones frente a estos. Por ejemplo, una muerte que haya producido mutilación del cuerpo no será manejada igual que una sin mutilación corporal. Igual consideración merecen tener las diferencias existentes entre muertes accidentales y/o esperadas y los suicidios. Los «entrampamientos» teológicos que pueden provocar estos últimos forman parte de esas diferencias en el proceso de angustia.

Otros aspectos que hay que considerar son las variables en otro tipo de angustia: las provocadas por los divorcios. Incluyo estas dado el hecho de que algunos divorcios pueden ser más dolorosos que algunas muertes.

Variables en la angustia ocasionada por el proceso de divorcio

El tiempo que haya durado el matrimonio

Todos los rompimientos producen dolor, pero no todos se procesan de igual modo. Los rompimientos de relaciones matrimoniales que hayan durado poco casi siempre son manejados con cierto grado de inmadurez y brindándole importancia a algunos aspectos posiblemente triviales. La angustia producida por el rompimiento de las relaciones que han sido extensas y al mismo tiempo significativas unos vacíos existenciales muy difíciles de llenar. Especialmente si este rompimiento es súbito; no esperado por una de las partes. Un ejemplo de esto son los casos de esposas que se sacrifican para costear las carreras de sus cónyuges y luego son abandonadas.

Una especialista en esta última variante es Virginia Sati.[16] Ella ayudó a acuñar el nombre que identifica estos rompimientos: «El síndrome del nido vacío.» Este síndrome define a las relaciones matrimoniales que durante veinte o veinticinco años se han centralizado en la atención de los hijos y de los beneficios de la familia. Estas parejas casi siempre se enfrentarán a problemas muy serios cuando los hijos se vayan. La razón es muy sencilla al mismo tiempo que dolorosa. Cuando la pareja se encuentra sin los hijos, descubre que ambos, esposo y esposa, son dos verdaderos desconocidos, incapaces de adaptarse el uno al otro y sin herramientas para facilitar la adecuacidad de la relación.

La presencia y/o ausencia de hijos

La presencia de estos afecta las decisiones financieras de la pareja, y si estas se manejan de forma pobre o indisciplinada finalmente producirá su propio disloque. La presencia o ausencia de estos pueden afectar también los cuadros emocionales y afectivos de todo los componentes familiares. En la mayoría de los casos de separación, la ausencia de estos hace un poco menos doloroso el proceso.

La condición financiera de la pareja

La extrema pobreza o la riqueza extrema son variables significativas dentro de un proceso de divorcio. Las contingencias financieras que presenta este proceso se ven agravadas por cualquiera de estos extremos, aportando de este modo grandes diferencias en la intensidad de la angustia a experimentar por el mismo.

Ahora bien, el último aspecto que debemos considerar es el del tipo de angustia que experimentamos frente a nuestras pérdidas. Así como pueden variar las causales de la angustia, así también variarán las maneras en que evolucionarán nuestras angustias. Estas variantes pueden o no desarrollarse, dependiendo de nuestros manejos de los procesos que las provocan.

Variables resultantes del proceso de angustia y separación

Angustia crónica

Esta es la angustia que surge inicialmente como parte normal de nuestro proceso de vivir. No obstante, como no todos alcanzan a moverse dentro del proceso que presentan las angustias, algunos se estacionan de manera crónica en la misma.

Tengo que señalar con mucho dolor que muchas veces la Iglesia es responsable de que las angustias se conviertan en procesos crónicos. Para entender esto mejor, analicemos las reacciones pastorales y de consejería que con frecuencia acompañan nuestras pérdidas y nuestras angustias.

En muchos funerales encontramos a pastores y consejeros llamando al pueblo a «buscar la alegría» y el consuelo que da Dios. «Hay que poder decir como Job: "El Señor dio y el Señor quitó..."» Hay mucha gente que no puede procesar esto y se obligan a sí mismos a hacerlo para no ir en contra de los «sabios consejos» de la Iglesia.

En otros casos los problemas son causados hasta por los himnos que cantamos frente a las angustias. Un buen ejemplo de esto es el dolor perenne que se quedó grabado en el corazón de una madre que perdió un hijo que no conoció al Señor. La iglesia de esta hermana decidió acompañarla en todo este proceso. A petición de ella, la iglesia tuvo un servicio y los himnos escogidos fueron de la especie de «Cuando allá se pase lista, a mi nombre yo feliz responderé», «En presencia estar de Cristo, ver su rostro ¿qué será?»

La hermana sabía que su hijo se había ido sin el Señor. ¿Qué podemos ganar estrujándole el corazón con la verdad de que cuando se pase lista su hijo no estará allí, o que él no podrá ver al Señor cara a cara? Son verdades ineludibles; aunque también entiendo que solo en el Cielo sabremos lo que sucedió en esos instantes previos a la partida de nuestros seres queridos. La misericordia de Dios es para mí uno de los misterios más sensacionales.

No obstante, esa es la verdad que ella tenía que manejar.

Hubiese sido mucho más reconfortante y terapéutico si se hubiesen seleccionado himnos tales como «Jesús el mejor amigo, cuando triste o tentado estés», o «Si en tus sendas las nubes agolparse ves, si hay valor y fe...», o también «Seguridad me dio Jesús, cuando Él su mano me tendió, estando en sombras a plena luz, en su bondad me levantó», como tantos otros.

Las alternativas se cuentan por centenares. Solo se necesita recordar que quien realmente importa en ese momento no es el que ha fallecido sino los familiares y dolientes, quienes se enfrentan a la angustia de verlo partir.

Los himnos nos ayudan a enfatizar las relaciones con el Señor. Aunque los himnos citados aparecen traducidos en español de maneras distintas, de igual modo cumplen su propósito. Si nuestra esperanza última está cifrada en relaciones penúltimas, somos dignos de conmiseración y necesitamos ayuda. En cambio, si aceptamos nuestra falibilidad humana con responsabilidad y hasta con un poco de sentido humorístico y serenidad, entonces podremos crecer.

Angustia pospuesta

Algunas personas que sufren del síndrome de la hiperactividad son víctimas de esta situación. Estos intentan escapar a la realidad de tener que enfrentar su propio proceso de angustia y separación. Lo hacen escondiéndose detrás de múltiples actividades y agendas de trabajo complicadas; posponen el momento de enfrentarse a la razón de sus lágrimas.

La comunidad de fe, como comunidad sanadora, debe estar atenta a la necesidad de un toque de amor que provoque sacar el tiempo necesario para enfrentarse a esas angustia y separación. En mi primer libro presenté un caso singular sobre lo que es la angustia pospuesta.[17] Casi siempre, esta posposición resultará en la somatización (convertimos la angustia en un generador de enfermedades y/o de síntomas).[18]

Me reafirmo en que los adoradores que posponen sus angustias no pueden realizar sus llamados ministeriales con eficiencia. Existen docenas de testimonios de ministros que fueron impactados por pérdidas significativas y que decidieron posponer el manejo de esa angustia, «en pro de sus obligaciones ministeriales». Con frecuencia se les escuchaba decir que la iglesia del Señor es primero y que Dios los ayudaría como familia y como individuos a lidiar con sus angustias. En la mayoría de los casos, los resultados han sido funestos. Los primeros síntomas de que algo andaba mal se obtenían del incremento en los patrones ineficientes y en conductas un tanto inusuales, en pobre tolerancia para el manejo de otras crisis (suyas o ajenas) y en la repetición de temas en sus predicaciones y presentaciones.

Todos estos casos necesitan ayuda profesional inmediata.

Angustia patológica

Las fijaciones patológicas y regresiones son siempre una posibilidad y debo señalar que pueden producir aberraciones. Una ruptura sicótica puede precipitar la oportunidad para lidiar con estos casos. La ayuda necesaria debe ser prestada de emergencia. Estos casos, además de que necesitan ayuda profesional, también necesitan que se les provea con «fuentes de apoyo» que provean salud y estimulen la vida. Esto último incluye a la familia inmediata.

Una pregunta que no puedo dejar sin contestar, aunque sea de manera superficial, es cómo debemos o podemos ministrar a las personas que están en el proceso de manejar sus angustias.

Ministrando a personas en angustia y separación

Casi todos los especialistas en este tema dividen las estrategias a seguir en varias partes. A mi, personalmente, me parece adecuado segmentarlas en tres fases, a saber: sincronización, enganche personal y diversidad en los procesos de comunicación.

El tiempo para la angustia no puede ser controlado por un calendario. Las personas en ese proceso necesitan todo el tiempo que sea necesario, y cuando ellos lo necesitan. El enganche personal desde la perspectiva pastoral no puede ser marginado ni entendido como que los pastores «podemos creer tener las respuestas a todas las preguntas que surgen».

Esta postura puede bien ser nuestro mecanismo, como seres humanos en funciones pastorales, para enfrentar nuestras crisis. Pero el que estas funciones sean efectivas en nosotros, no necesariamente significa que funcionarán en otros; mucho menos cuando son nuestros mecanismos de defensa. Los consejeros y los pastores tenemos que aprender a nadar en los ríos de los procesos humanos, los sentimientos y las emociones de otros.

La recomendación de grupos de apoyo constituidos por aquellos que hayan experimentado necesidades similares es, a mi entender, una de las ideas más brillantes que existe para trabajar con estas situaciones. Por otro lado, la diversidad en los procesos de comunicación constituyen una herramienta vital para ayudar a la persona que aconsejamos. Algunas recomendaciones que hacen muchos especialistas son las conversaciones casuales, las llamadas telefónicas como elemento que sostiene la privacidad de una conversación, las visitas al hogar y la estimulación a que el aconsejado acepte venir por sí mismo a la oficina pastoral. Se debe usar buen juicio al seleccionar la frecuencia y el momento en que ponemos en nuestro itinerario de predicación el hablar sobre estos temas.

Capítulo 16

Enfermedad, hospitalización y muerte

ME PARECE QUE EL TEMA de la visitación, manejo y cuidado de los enfermos ha sido uno de los asuntos más desatentidos en la iglesia del Señor. Creo que por muchos años nos hemos circunscripto a «dejarnos dirigir por el espíritu», y nos negamos a entender que un enfermo y una enfermedad manejada de manera irresponsable o inadecuada puede traer como resultado profundas huellas, cicatrices y complicaciones muy difíciles de manejar.

Al principio de este análisis he debido señalar que el libro de los autores Niklas y Stefanics se presenta como una de las herramientas más poderosas de las que he tenido la oportunidad de examinar en este tema tan complejo: la ministración a los enfermos, particularmente a los moribundos. El mismo se no presenta dividido en nueve áreas vitales para la ministración en el contexto antes citado. Hace una aportación valiosísima al comenzar identificando aquellas razones por las cuales un paciente se siente «alienado», ansioso y temeroso durante el procesos de hospitalización. Es que el paciente es un extraño en un sistema que en muchas ocasiones lo tratará como un número más en el complejo sistema burocrático comercial en el que se han convertido los hospitales de hoy.

Estos autores dedican dos secciones especiales para la discusión del lugar que deben ocupar los símbolos religiosos en la agenda para la visitación de enfermos. Hay preocupaciones muy importantes que, miradas de forma superficial, podrían parecer muy tontas. Entre ellas están cuándo y cómo orar, el tipo de oración que debe hacerse, la actitud hacia el paciente, la capacidad terapéutica que posee el uso de las palabras correctas en esa oración y la duración de la misma. Se matiza el elemento de la oración con ciertas tonalidades que permiten resaltar la importancia real que tiene como colaboradora en el proceso de sanidad de un paciente.

La discusión alrededor del uso y administración de los sacramentos u ordenanzas cobra igual significado en el trabajo con los enfermos. Los autores de casi todos los libros consultados[19] insisten en que la importancia de nuestra intervención no debe estribar en el número de visitas que hagamos, sino en «la calidad del servicio». Fue duro enfrentar que una de las críticas más severas que le hacen a aquellos que llevan la comunión a los hospitales, es que usualmente van montados en una agenda cronometrada al segundo; una realidad muy difícil de esconder.

Es muy importante hacer un análisis de la unción para los pacientes. Además de la posibilidad real de sanidad milagrosa, la unción es interpretada por muchos especialistas como una herramienta que dirige la energía del paciente hacia la búsqueda de la salvación espiritual. La unción es vista como el símbolo de la presencia del Espíritu Santo, el cual, recibido con fe, se convierte en ayuda insustituible para minimizar la presencia de la enfermedad como peligro y obstáculo,[20] y/o para la sanidad milagrosa o gradual. Igual presunción se le adjudica al rito bautismal. La presencia, uso y aplicación de estas ordenanzas o sacramentos apuntan a lograr que aumente en el paciente el entendimiento de la enfermedad como una oportunidad de crecimiento.

Los educadores de la difícil tarea de la visitación a los enfermos deben enfatizar la necesidad que tiene todo visitador o consejero de aprender el arte de escuchar; especialmente cuando se está atendiendo áreas como Obstetricia y Ginecología. Las muchas preocupaciones que llevan consigo las que van a ser madres y/o las que necesitan ser intervenidas quirúrgicamente en sus sistemas reproductivos obligan a los visitantes y/o capellanes a ser unos artistas en esta área.[21] Esta característica deberá estar acompañada de algunas herramientas específicas para tratar situaciones complicadas, tales como la presencia de padres inmaduros o de aquellos que presentan dificultades para aceptar a sus bebés, o que evidencian síntomas de depresión posparto.

Muchas de estas actitudes o comportamientos se presentan en aquellos casos en que el embarazo no fue planificado ni deseado. De vital importancia para el ejercicio correcto de la capellanía lo son los comentarios que describen el contexto para la capellanía de padres que reciben la noticia de que tienen un hijo impedido y/o con un alto riesgo de mortalidad. El capellán deberá hacer uso de un buen discernimiento para detectar si las relaciones entre los esposos son buenas o pobres. Las preguntas que surgen del contexto del parto de un bebe impedido o con un alto riesgo de mortalidad podrán ser manejadas con menos resistencia por padres que tengan buenas relaciones entre sí.

Una situación que merece especial atención es la de las madres solteras o no casadas; especialmente si estas son adolescentes. Me pareció que los autores citados y otros consultados han debido trabajar este campo un poco más. La superficialidad y premura con la que se despacha este tema, contrasta con la urgencia del mismo, denotada en las realidades vividas en nuestras congregaciones hoy día.

El campo de la ministración a pacientes que sufren de amputación me tocó directamente, toda vez que en nuestro hogar experimentamos este fenómeno enero de 1994: el caso de la madre de mi esposa. Esos cambios irreversibles, como lo es la amputación de ambas piernas para una anciana que durante sus primeros 71 años fue autosuficiente, representaron una pérdida sin retorno. La caída de la autoestima, las depresiones mezcladas con etapas de enojo, las frustraciones y la necesidad de trabajar con terapias ocupacionales son áreas críticas de esta área de la atención a los enfermos.

Es un detalle muy obvio que Niklas y Stefanic están en lo correcto al decir que no todos los enfermos se comportan igual; aun a pesar de tener áreas de comportamiento común. Por ejemplo, no se comportan de igual forma los pacientes de parálisis facial ni los parapléjicos, o aquellos que presentan lesiones irreversibles en su columna vertebral. Los primeros tienen la esperanza de recuperarse, aunque no sea en un 100%. Los segundos necesitan, como decimos en casa, que se trabaje con «las azoteas» (sus cabezas, el área de los pensamientos) y los atributos positivos que tenga esta persona. Un tanto igual sucede con aquellos que sufren lesiones en un área tan instintiva como lo es la de las funciones sexuales. La necesidad de explotar cómo esta persona percibe su cuerpo se convierte en un aspecto ineludible para las discusiones que fomentará el capellán o el consejero.

Esas etapas de recuperación y terapia casi siempre se presentan como un reto más severo que la pérdida *per sé*, toda vez que es esa etapa posterior en la que los pacientes tienden a perder la esperanza y la confianza en sus posibilidades.

Sé que debo separar un capítulo aparte y dedicarlo a la ministración para los pacientes asilados en las unidades de cuidado intensivo. Hay algunos libros muy buenos sobre este tema. La condición en que generalmente encontramos a estos pacientes, inmovilizados, entubados, conectados a máquinas, etcétera presentan la necesidad de un ser humano que pueda emplear a fondo su sensibilidad para el idioma no verbal. Recordemos que estos pacientes casi siempre están sufriendo de distorsión en su realidad temporal espacial, y que además están sufriendo de grandes niveles de ansiedad por la gravedad de sus condiciones. Se hace esencial destacar que a este cúmulo de emociones se le sumará una gran porción de coraje debido a las implicaciones sociales, económicas y familiares que tendrán consigo esas experiencias tan traumáticas.

Todos los autores consultados señalan que en este campo se hace indispensable la actividad de los capellanes y consejeros muy bien adiestrados. A este dato hay que sumarle la realidad de que hay una familia que está sirviendo, en muchos casos, como espejo de todas estas sensaciones: la familia del enfermo. Es decir, casi siempre encontraremos el complejo de reacciones enunciado en el párrafo anterior, duplicado o triplicado. Esto es, en el enfermo y en uno o más de sus familiares. El adiestramiento y la experiencia en el manejo de situaciones de crisis se hace indispensable para lidiar en esta área. La falta de experiencia puede convertirse en agente catalítico para reacciones o decisiones muy negativas que solo ayudarán a complicar más la ya difícil situación. No olvidemos que cada caso necesitará ser evaluado en su justa perspectiva y con el sello de ser único en su clase.

La ministración a pacientes geriátricos representa otra área en la que reconozco que nunca se conoce todo lo necesario para trabajar en ella. No es menos cierto los prejuicios que se tienen contra los miembros de esta tercera edad; con pequeñas excepciones, claro está. La lectura de esta sección sirvió para validar el adiestramiento previo obtenido en el curso para el manejo de crisis en los envejecientes en el Seminario Evangélico de Puerto Rico.

Allí aprendí que las depresiones que sufren los ancianos, la pérdida de memoria, la dificultad para ajustarse a unos nuevos contextos (tales como los hogares para envejecientes y/o asilos), y los ajustes en los hábitos alimenticios son, por sí solos, grandes retos para cualquier ser humano, de cualquier edad. Si a este aspecto le añadimos las pérdidas emocionales y sicológicas, la pérdida de la seguridad que le proporcionaba su propio hogar, la pérdida gradual del significado y el valor de la vida, la pérdida del sentido de pertenencia y la de aquellas cosas (posesiones, estilos de vida, etc.) que representaban y matizaban su vida, entonces tendremos un paciente que necesita un consejero para ayudarlo a encontrar las herramientas que le preparen para la trascendencia.

En un curso de capellanía tuve la valiosísima experiencia de dedicar unos seis meses a visitar un grupo de ancianos que convalecían o residían en un hogar hospital dedicado para ellos. Las experiencias fueron inolvidables.

Otro aspecto es que debemos aprender a separar las necesidades físicas de las espirituales, pues con mucha frecuencia encontraremos a estos pacientes buscando con mayor ahínco el suplir estas últimas que las primeras. Esto es obvio, dada la cercanía del momento de la muerte.

Los pacientes en estado terminal y sus familiares representan siempre una de las oportunidades más especiales para acercarnos a Dios como capellanes y como seres humanos. He aquí algunas de esas necesidades espirituales:

- Desarrollo de una filosofía viable de vida, sistemas de fe.
- Desarrollo de imágenes creativas y valores (constructivo).
- Tener relación creciente con Dios(compromiso).
- Desarrollo del higher self (alma).
- Renovación regular de la conciencia básica para mantener la esperanza.
- Descubrir caminos para salir del sentido de culpa.
- Desarrollo de caminos para la autoestima correcta.
- Tener momentos regulares para la trascendencia, místicos.
- Sentido de pertenencia a una comunidad.[22]

Capítulo 17

Conclusiones

ESTOY CONVENCIDO de que la lectura de Juan 11 es una de las enseñanzas más completas que pueda existir acerca de manejo de crisis, enfermedades, muerte y las terapias necesarias para enfrentarlas. Es más, este pasaje culmina con la victoria última, la victoria sobre la muerte.

De las reacciones arrancadas de este pasaje en el que observamos a dos seres humanos enfrentándose a la enfermedad, crisis, y muerte de un ser muy querido podemos concluir que Marta y María observaban un comportamiento muy típico frente a sus pérdida, aun cuando pudieran haber sido amigas personales del Dios encarnado. O sea, que la presencia o cercanía de Dios no es una garantía ni un refugio que evitará que enfrentemos las tormentas, y mucho menos que podamos experimentar toda una gama de sensaciones muy humanas al vivir esas pérdidas.

Cristo maneja esta situación con una maestría singular. Primeramente les concedió el espacio para que realizaran todas las funciones y preparativos, y para que sufrieran todas las reacciones pertinentes a casos como estos. En este pasaje el Señor nos enseña hasta lo útil y terapéutico que es saber guardar silencio y permitir que los dolientes se desahoguen, para luego hacerles participar del proceso de resurrección de ese hermano.

Creo que tenemos la necesidad de redefinir nuestras prioridades y responsabilidades ante un mundo que se retuerce diariamente de dolor frente a sus pérdidas y angustias. Sé muy bien que los líderes más veteranos y maduros me responderán diciendo que no hay nada que redefinir ni priorizar; que las responsabilidades siempre han sido las mismas, y que donde hemos fallado es en habernos entretenido jugando a la iglesia sin haber hacho caso del llamado que nos sigue haciendo el Señor ante un mundo lleno de Lázaros, Martas y Marías.

Es frente a esto último que nos preguntamos: entonces, ¿qué significa ser fiel a Cristo? ¿No es esto servir comprometido a Cristo mediante el servicio a los demás? En un siglo como este, ¿qué cosas ocuparán el lugar del aceite y el vino del Buen Samaritano?

No solo estamos necesitando buenos samaritanos sino buenos modelos y maestros de este; maestros y modelos que suspendan el juego y el entretenimiento con programas abarrotados de actividades y objetivos pero sin metas ni visión bíblica definidas y establecidas. Maestros que estén dispuestos a estimular la maduración del pueblo al que discipulan. Ser modelo significa poder proveer oportunidades, evaluando, enseñando, confrontando a esos discípulos con honestidad y con la realidad, tras el único propósito de que honren a Cristo con ministerios responsables. Modelos y maestros de la Palabra que posean un enfoque teocéntrico en sus ejecutorias. El mundo está hastiado de profesionales en el campo de la salud y del comportamiento humano que, llenos de conocimiento, están vacíos de esa savia que solo proviene de Dios. De igual modo, el mundo está cansado de líderes religiosos que solo conocen el ropaje, pero no son capaces de exhibir las cualidades, la pasión, la sabiduría y el tacto del Señor Jesús.

Dios quiere preparar y usar hombres y mujeres así de sensibles, así de equipados, así de parecidos a Cristo.

Por otro lado, no podemos olvidar que Él se encargó de equipar y desarrollar en Marta y María ciertas herramientas para lidiar con la crisis, y para ver a través de ellas la esperanza y las posibilidades. Y el testimonio fue de tal magnitud que Marta y María fueron capaces de emitir varias de las declaraciones de fe más poderosas de todo el evangelio. Entonces, estos deben ser los objetivos de la consejería pastoral:

- Ayudar a la gente a funcionar mas eficientemente.
- Encontrar libertad de conflictos espirituales, sicológicos e interpersonales.
- Estar en paz consigo mismo y disfrutar de una creciente comunión con Dios.
- Desarrollar y mantener relaciones interpersonales cordiales.
- Realizar por completo su potencial en Cristo.
- Comprometerse a ser discípulos.

Antes de que Lázaro se enfermara, muriera y resucitara, Marta y María eran amigas de Cristo. Luego de haber enfrentado la crisis, la angustia, el dolor, la muerte y la resurrección, se convirtieron en discípulas de Cristo, en evangelistas del mensaje del Reino y en adoradoras capaces de sacrificar sus más preciados y valiosos tesoros, con tal de adorar y perfumar la presencia del Dios del Cielo (Juan 12). Aquí encontramos una de las verdades más extraordinarias de las que pueden ser arrancadas de este pasaje. Es muy cierto que hay dolores que postran y hay crisis que hacen sentar el alma del más fuerte. Pero este pasaje nos enseña que si aprendemos a usar la óptica correcta para observar nuestros dolores y la naturaleza de los mismos, en el proceso de hacerlo seremos capaces de reafirmar nuestra fe, apuntalar nuestros principios relacionales con Dios y, por ende, nuestras penas serán más llevaderas. En adición a esto, encontraremos que la fuente de nuestra esperanza no se ha secado, sino que sigue fluyendo desde el Calvario y desde la tumba vacía.

Los valores, actitudes y personalidad de Cristo llevaron a conseguir que Marta y María vencieran sus temores reales y lógicos, a las posibilidades existentes si ellas hubiesen estado al control del reloj de Dios, al control de sus temores al hedor de la tumba y sus visiones de un poder puramente escatológico. Las martas y las marías de este tiempo necesitan aprender que nuestro Dios está en control, no por decretos o dogmas divinos sino porque es el Señor de la Historia. Las penas y los quebrantos aparentan ser los mejores estadios para probar qué porcentaje del control le hemos concedido cuando decidimos que Él tomara el timón de nuestras vidas.

Por otro lado, la voluntad de Dios es incapaz de ser comprendida en los momentos de aflicción. Las «intentonas» para explicar esto en medio de funerales y de graves crisis se ha convertido en uno de los actos más irresponsables de muchos ministros y consejeros cristianos, una de las preocupaciones más grandes que tenemos aquellos que adiestramos pastores y consejeros. Cristo no intenta explicar la voluntad de Dios en el medio de la crisis de Lázaro. Él opta por provocar la fe de María y de Marta: «¿no te he dicho que si creyeres verás la gloria de Dios?» (Juan 11.40b).

Los planteamientos de Cristo no iban dirigidos a las razones que provocaban sus dolores sino a provocar las herramientas que les permitirían manejarlos con mayor destreza: «¿Crees esto?» (Juan 11.26b).

Este es, indiscutiblemente, el llamado a la activación de la fe, utilizando la esperanza como agente catalítico. Es también la activación de la esperanza, usando los principios de la fe como resucitadores de las motivaciones del alma.

Al principio, las actitudes y las motivaciones que exhibió el Señor para ayudar a estas hermanas contrastaban grandemente con la realidad posterior que vemos en el pasaje. Insisto en que Cristo se retardó a propósito. Parecía estar proveyendo el espacio existencial y vital que todo ser humano necesita tener para ventilar sus querellas, desahogarse y enfrentar sus verdaderos temores y tormentas internas. Había una razón lógica y un respuesta certera para explicar las interrogantes acerca de su retraso. Había una manera distinta de acercarse a la promesa divina de que la enfermedad no sería para muerte. Había una razón celestial para «obligar» a las hermanas a enfrentar la muerte de su hermano. Ciertamente, el hermano y ellas mismas morirían algunos años más adelante; nuestra muerte y la de nuestros seres queridos son acontecimientos inevitables. A Cristo no parecía interesarle tanto tratar con el muerto, tanto como le interesaba tratar con las actitudes de los vivos.

Me parece que esa es un área en la que debemos trabajar con mayor ahínco, particularmente aquellos que estamos constantemente frente a las crisis de otros. Es sumamente importante el valor de los espacios que concedemos a los que están experimentando e intentando procesar sus pérdidas. Lo es también el valor de los silencios que debemos aprender a hacer (a veces a crear, en medio de los ruidos en los que la gente intenta envolver a los dolientes). También el valor de las preguntas y las frases que ayuden a nuestros hermanos a encontrar sus herramientas para lidiar con sus procesos de pérdidas y de dolores. Las frases que motiven y dinamicen la esperanza, la fe, la confianza en el Señor que siempre está presente. Las pérdidas no son lugares para el inicio de estudios bíblicos, pero son sin duda alguna escenarios por excelencia para que la gente encuentre apoyo en la Palabra Santa y los principios que afirman su fe.

El Señor se mantuvo sereno frente a los «atropellos» emocionales y verbales de los que fue objeto. Ellas necesitaban destapar la caldera del alma y dejar salir toda la presión que hostigaba y vapuleaba sus corazones. Una de ellas lo hace gritando, la otra lo hace de rodillas. Ambas encontraron su espacio frente a Cristo.

Estos detalles evidencian que Jesús tenía una gran percepción de sí mismo; solo así se puede mantener la calma frente a una crisis que ayudamos a enfrentar.

También evidencia una gran habilidad para la comunicación; ese primer contacto fue vital. La técnica que Cristo decidió utilizar tomó vida en Él mismo, particularmente en ese difícil arte de escuchar. Cristo parecía estar enfocando este proceso sin intentar «liquidarlo todo» en una sola entrevista. Pero sobre todo, lo más relevante es que Cristo decide acompañarlas en el dolor; ese hermoso ministerio de presencia y acompañamiento.[23]

4

Cuarta sección

Esperanza contra esperanza

Capítulo 18

Tres muertes y una esperanza

Ella se vistió de gala hasta en el pensamiento infinito de aquellos que la vieron partir. De niña, jamás pensó que la vida le depararía ser princesa y madre de un futuro rey. Su vida se llenó de *glamour* y de grandes reconocimientos. Pero nunca podría imaginar el alto precio que la vida le facturaría por estos.

Ella se vistió de gala y asombró al mundo con un corazón sensible al dolor de los desvalidos, de los niños, de los apocados y de aquellos que parecen pasar por la vida sin que la vida de ellos nos haga sentido. Sus galas hicieron soñar con ilusión a millones de cenicientas que atesoran en sus corazones encontrar su príncipe azul, su palacio, su zapatilla de cristal y un epitafio que, sentenciando, pueda decir: «...y fueron felices para siempre.»

Ella llenó la Abadía de Westminster para una boda a la que invitó al mundo entero; milagros de una época cibernética que nos permite asistir a las bodas y las guerras de otros a través de una pantalla algunas veces intelectual y muchas otras poco educativas.

Le sonrió al mundo y, con una mirada sencilla, acusando inocencia, se lanzó al ruedo de las luces, las cámaras, las portadas de las revistas y las discusiones de sociedad, sin saber que cuando comenzó a hacerlo el cronómetro de su corazón aceleraría la cuenta regresiva de su estadía en este lado de los seres vivientes.

Sorprendió al mundo con dos pequeños destinados a ser príncipes, reyes y señores de un mundo lleno de palacios, castillos, leyendas, escudos, mitos y costumbres. No sabía que todos juntos tendrían que enfrentar sinsabores que no respetan las reglas de palacio. Sinsabores que, ufanos, violentan los protocolos y sin permiso real se estrellan contra los corazones de inocentes y culpables, marcándolos para siempre. Durante ese proceso perdió su mirada inocente y sus ojos comenzaron a reflejar un océano de tristezas y preguntas sin respuestas.

Ella se cansó de la pompa y la circunstancia, derribando el mundo de lo ficticiamente inmaculado, e intentó huir del mundo de las princesas, del *glamour*, los grandes reconocimientos, las galas y los palacios, buscando encontrar una vida para sí, una vida que tuviera sentido. En el proceso intentó refugiarse en el servicio a los desvalidos, a los niños enfermos, a los pacientes de SIDA y a las víctimas de artefactos explosivos colocados a mansalva por asesinos vestidos de uniformes militares. Su labor fue reconocida y el mundo se alegró con ella, más sus acciones no pudieron liberarla de la cárcel que la encerraba con dolores emocionales y sin esperanzas.

Decidió entonces echar al cesto de la basura la realeza y en el proceso perdió la virtud de ser la actriz principal en el arte de forjar a sus retoños. Mirando hacia atrás, resolvió lanzarse a la caza de la felicidad: la suya. Ella se estaba convirtiendo en paradigma; modelo a imitar por muchos que veían en ella esperanzas y sueños hechos realidad.

Cuando parecía haber encontrado la felicidad, se estrelló contra un muro escondido bajo las aguas de un sucio río, testigo de siglos de veleidades, pasiones, pecados y terribles patrones de angustias. Ella, perseguida por una nueva versión posmodernista de los indios del oeste americano, acosada por flechas de luz disparadas por cámaras fotográficas, murió en una noche en el que mundo, su mundo, se quedó sin princesa, sin reina del corazón del pueblo.

Los palacios fueron cubiertos con mantos de flores, de esas que se marchitan y se deshojan sin remedio. Los guardias reales prepararon sus cabalgaduras, sus uniformes de gala, su pompa y su circunstancia y se alistaron para una misión de 168 horas. Los reyes y reinas de la tierra se dieron cita en la misma abadía que la vio convertirse en princesa, y junto a una multitud de millones allí presentes el mundo entero presenció la sepultura de su princesa, mientras unos a otros se preguntaban: «¿Y ahora a quién miraremos para suspirar por nuestros sueños?» Los inquisidores del alma y del espíritu se quedaron sin respuesta, sin princesa y sin esperanza.

Ella murió y nunca sabremos si alguien le habló del Señor, si algún plebeyo osado o noble avezado se atrevió a comunicarle que a la diestra del Padre, vestido de gloria y majestad, se encuentra el Único capaz de sembrar y cultivar la esperanza. Irónico es el hecho de que, hace varias generaciones, una mujer que gobernaba el reino del cual esta princesa huía, había declarado que aun siendo su nombre Victoria y su imperio uno en el que no se ponía el sol, temblaba hasta los huesos de solo pensar que un día tendría que poner su corona a los pies de Aquél que está sentado en el trono de la gloria inmarcesible.

Durante su funeral las paradojas llenaron las salas y los salones de reunión de la mitad del mundo conocido. La mitad de la humanidad andaba embebida en conocer los dictámenes que la realeza ordenaría para reglamentar un evento de pueblo: la muerte de una mujer que muy bien pudo ser reina. La abadía que antes la recibió vestida de blanco, ahora la recibía vestida de los colores de la monarquía y del reino; los títulos antes arrebatados, ahora le eran reconocidos sin anuncios, sin pompas y sin circunstancias. Pero en la abadía también el mundo conocería que hay muertos que separan a los hombres, marcándolos como números inconscientes y clasificándolos entre dignos e indignos. Los nobles dignos fueron sentados de un lado de la catedral, mientras los plebeyos invitados permanecían al otro lado. El coro seleccionado cantaría de espaldas al pueblo y de frente al ataúd. Hay momentos en los que en el proceso de interpretar nuestros dolores, cometemos la torpeza de volver la espalda a nuestros semejantes y comenzamos a cantarle al dolor y a la insensibilidad; somos capaces de cantarle a los muertos. Sí, de espaldas a la vida y de frente a la muerte.

La hermana de la difunta detendría el mundo al leer un trozo de un poema titulado «Time is too slow for those who wait» (el tiempo transcurre muy lento para aquellos que esperan). La lectora designada, protagonista en la lista de los dolientes, parecía no saber que el escritor de esas líneas fue un pastor presbiteriano llamado Henry Van Dyke,[1] quien era capaz de hacer reír y llorar de alegría a sus congregaciones al confrontarlos con la riqueza de la vida que está escondida en Cristo; confrontación que lograba realizar magistralmente con sus escritos. Considerar algunos de sus títulos nos brindaría suficiente información para saber por qué: «The Valley of the Vision» (El valle de la visión) y «The Golden Key» (La llave dorada). El texto del poema del Rdo. Van Dyke es uno retador, pues señala que para los que temen el tiempo corre muy aprisa, es muy largo para los que sufren, muy corto para los que gozan, pero para los que aman, el tiempo es eternidad. La lectora de este trozo literario parecía haberse perdido en el tiempo. Hay dolores que son capaces de detener el tiempo y el espacio.

La princesa fue enterrada mientras un pueblo triste y sin esperanza veía a través de todo el Planeta el desfile del cortejo fúnebre hasta el campo santo seleccionado. Su cuerpo pertenece a una isla en el medio de un lago, isla a la que se le abrirán las puertas dos o tres veces al año para que vayan a llorar a ella los que viven sin esperanza.

Tras su muerte, una sola voz se oía a la distancia como un eco sordo de una realidad inexpugnable: «Adiós Rosa de Inglaterra... como la llama encendida en el viento...» La llama se apagó y todo un planeta pareció detenerse ante la realidad de que la realeza y la majestad humana no son garantías ni fundamentos firmes para construir sobre ellos la esperanza...

Algunas notas al calce, muy tristes por cierto, se convierten por derecho propio en el centro analítico de esta historia de castillos, princesas, reyes y plebeyos. La primera de ellas, la transitoriedad de la vida. Ni aun los establecimientos monárquicos pueden escapar a los reclamos de la fragilidad de la existencia humana. Desde el análisis de la nobleza, lo expresó así León de Montenaeken;

La vie est vaine (la vida es vana);
Un peu d'amour (un poco de amor),
Un peu d'haine... (un poco de odio)
Et puis-boun jour! (y entonces, ¡buenos días!)
La vie est brève (la vida es breve)
Un peu d'espoir (un poco esperar),
Un peu de rêve... (un poco soñar)
Et puis-bon soir! (y entonces, ¡buenas noches!)

El cantor de Israel fue más certero en su análisis; más directo en su percepción y mucho más escueto en su sentencia:

«El hombre, como la hierba son sus días:
florece como la flor del campo…
que cuando pasa el viento, perece;
y su lugar no la vuelve a conocer.»

—SALMO 103.15-16

La segunda nota: cuando la princesa murió, en menos de dos horas el mundo entero supo la triste noticia. En cambio, el Rey a quien pertenezco, el Creador de los cielos y la Tierra, murió y resucitó hace dos mil años, y la mitad del mundo no lo sabe aún.

Un poco de historia… El ángel de los pobres

Cuando Agnes Gonxha Bojaxhiu nació en Macedonia no sabía que su padre, un vendedor de alimentos procedente de Albania, desaparecería cuando ella cumpliera los nueve años. Su madre, devota católica, la instruyó en las pasiones de su fe y, cuando esta joven cumplió sus 18 años, se marchó a Irlanda para unirse al entonces conocido «Instituto de la Bendita Virgen María». Su paso por Irlanda duró tan solo seis semanas, pues casi inmediatamente fue enviada a la India, en donde ingresó a la Orden de Educadoras de Loreto, para enseñar mientras estudiaba enfermería. Allí adoptó el nombre de Hermana Teresa, en honor a Santa Teresa de Lisieux, patrona de las misioneras.

En 1946 esta mujer enfermó de tuberculosis y en el proceso de recuperación fue enviada a convalecer a las montañas de Arjeeling. De su testimonio se desprende que fue en ese viaje a las montañas que escuchó una voz que la conminaba a renunciar a todo y seguir a Dios hasta los arrabales para dedicarse enteramente al servicio de los más pobres de los pobres.

En 1948 las autoridades de la India, concediendo su petición, le donaron la posada para peregrinos que estaba muy cercana al sagrado templo de Kali. Fue allí donde fundó la Orden de las Misioneras de la Caridad. Simpatizantes de toda la región comenzaron a ayudarla en sus gestiones y muy pronto esta mujer comenzó a organizar dispensarios y escuelas para todos aquellos a quienes servía. Sus logros se esparcieron alrededor del mundo con tanta velocidad que ya para 1950 recibía el reconocimiento canónico del papa Pío XII y para 1965 su Orden recibía el grado de congregación pontificia. Lo que esto último significa es que, desde ese instante, la Orden de Misioneras de la Caridad se reportaría directamente al Papa.

Los procesos de desarrollo y establecimiento de esta Orden han producido muchas historias interesantísimas; la mayoría de estas por la razón de ser y el estilo de Teresa de Calcuta. Esta mujer creó una colonia para leprosos muy cerca de Ansol, India, a la que bautizó con el nombre de Shanti Nagar (Pueblo de la Paz). En el 1964, poco después de que el gobierno de la India reconociera el trabajo de esta mujer otorgándole el premio Padmarashi (Señor de la flor de loto), el Papa Pablo VI viajó a la India y le regaló la limosina ceremonial que él usaba. Ella se deshizo del automóvil e invirtió lo poco que obtuvo del mismo en los leprosos de esa colonia. A esa colonia traía Teresa a todas aquellas misioneras que intentaban imitar por completo el modelo que observaban de ella.

Fue allí que Teresa encontró a una novicia, enviada a bañar a un leproso cubierto de sabandijas e inmundicia, intentando hacer esto con una toalla amarrada a un palo de madera, una manguera para rociarle con agua y unos guantes para empuñar el jabón. Teresa le arrebató el palo, la toalla y el jabón a la novicia y con sus manos bañó, restregó, enjuagó, secó y vistió al leproso. Ante los ojos de asombro de esta novicia, Teresa completó su labor para luego decirle unas palabras que han inmortalizado su visión misionera: «Has perdido la mayor oportunidad de tu vida: bañar a Cristo leproso.»

Esta mujer fue galardonada con el premio Nobel de la Paz en 1979, mas a juicio de ella, el mejor galardón que se le haya concedido jamás fue el llamado a servir a los más pobres de los pobres. De hecho, en 1968 ella fue reclamada a Roma para allí, en la capital del mundo católico romano, establecer un hogar para enfermos y desprovistos, manejado en su totalidad por misioneras de la India. Un ejemplo de sus logros lo encontramos en las certificaciones médicas de 1970 que reportan que la intervención de las misioneras de su orden fueron responsables de haberle salvado la vida a 8000 enfermos en Calcuta.

La Madre Teresa de Calcuta fue bautizada por los desprovistos como el Ángel de los Pobres. Sus ejecutorias como mujer de fe no pueden ser miradas desde la óptica doctrinal que define y acompaña a su fe porque todo su servicio trascendía las visiones doctrinales y porque, católica romana o no, esta mujer y sus acompañantes se dedicaron a realizar labores que la mayoría de los evangélicos, católicos, musulmanes y orientales no nos atrevemos a realizar. Basta descifrar el mensaje que comunicaba al levantarle su mano derecha a sus compañeras de trabajo. Cada dedo significaba una palabra distinta, a saber: «Do it all for Jesus» (Háganlo todo por Jesús). Sus compañeras le respondían levantando su mano derecha, gesto que también traía consigo una frase con una palabra asociada a cada dedo: «We did it for Jesus» (Lo hicimos por Jesús).

Sé muy bien que la mayoría de los lectores encontrarán innecesaria esta explicación teológica para hallarle a esta mujer un espacio dentro de las reflexiones evangélicas. La incluyo para el beneficio de aquellos ultraconservadores dogmáticos que aún con ella a la mano, son capaces de cerrar los cielos para todos aquellos que no visten, calzan o caminan como ellos lo hacen. Es muy cierto que el Cielo no se obtiene mediante las obras de justicia, y que solo la sangre de Cristo nos limpia de todo pecado; pero la Biblia nos enseña que la fe que no tiene obras es una fe muerta.

La Biblia nos enseña que cuando lleguemos al Cielo no se nos preguntará si pertenecimos a las juntas de gobierno de nuestras iglesias, si cantábamos o predicábamos la Palabra o si fuimos capaces de presentar consecuentemente nuestros diezmos:

> *«Porque tuve hambre y me disteis de comer; tuve sed y me disteis de beber; fui forastero y me recibisteis, estuve desnudo y me vestisteis, enfermo y me visitasteis; estuve en la cárcel y vinisteis a mí...»*
>
> —Mateo 25.35,36

Teresa de Calcuta dejó de existir entre nosotros, los mortales, el viernes 5 de septiembre de 1997, mientras el mundo entero intentaba recuperarse de la conmoción causada por la trágica e inesperada muerte de una princesa. Sus exequias fúnebres se caracterizaron por la ausencia de un sarcófago suntuoso; un nicho de cristal nos permitía ser confrontados con nuestras fragilidades. No había allí trompetas ni pompas de nobleza. Tampoco había allí palacios o abadías para recibirla. Tan solo un cuerpo, un testimonio explicado por el juicio y las palabras de un escritor, inspirado muchos años antes por una pérdida similar:

«Morías, como un pájaro en su nido,
en tu trono emoliente de escarlata...

A ratos delirabas la sonata
Que te inspiró un amor desvanecido;
y, ¡oh resurrexit!, con la aurora beata
se abrió a tus ojos un Edén florido.

Plegose en suavidades de paloma
tu honda mirada. Un religioso aroma
fluyó del alma, entre los labios flojos,

y florecieron bajo tus pupilas,
como sonrisas muertas de tus ojos
dos diminutas mariposas lilas...»

—MUERTE BLANCA, DE JULIO HERRERA Y REISSIG

Fue un período de siete días funestos. En menos de 168 horas habíamos perdido una princesa, un ángel para los leprosos de la India y la paz de Jerusalén, mientras un huracán con nombre de mujer eslava amenazaba las playas de Borinquen. Dentro de todas esas noticias, los imágenes que dibujaban ante mis ojos —entre ellas una alfombra de flores nunca vista— le pregunté al Señor: «¿Habrá esperanza? ¿Se podrá tener esperanza cuando no hay razón para tenerla?»

La conclusión...
La anciana del pueblo

Cuando ella se marchó al Cielo nuestros sentimientos se mezclaron como se entrelazan las gotas de lluvia con los corpúsculos del polen que encuentran a su paso, mientras se dirigen hacia el suelo atravesando los pequeños senderos que les dibujan las flores y las hojas que las escoltan.

Ella, un anciana de casi 74 años, nos había probado que se necesitaba mucho más que una enfermedad para quitarle el deseo de vivir o de querer luchar. Su vida no había sido fácil. Era la más pequeña de una familia numerosa de los campos de mi isla, que por haber nacido casi al amanecer del segundo decenio de este siglo no tuvo la oportunidad de educarse en otra aula que la universidad de la vida.

Sus manos eran ásperas, que acusaban su pasión por el único fuego que le robaba el alma: el trabajo. Desde muy niña le habían recetado grandes dosis de trabajo, y ella, pequeña de estatura, decidiría agigantarse ante los reclamos de su tiempo.

Su juventud la vio florecer en una época en la que los hijos de Borinquen también miraban al Norte como el lugar de las posibilidades. Cientos de miles de los nuestros marchaban a los «niuyores», al país de los pingüinos, en busca de nuevos horizontes y de pan para sus bocas y las de aquellos que dejaban atrás. En su mente se dibujó una meta, al principio inalcanzable, pero que no dejaría de acariciarla hasta haber intentado todo; aunque en el esfuerzo le fuera la vida: «Iré a Nueva York, trabajaré y reuniré un dinerito, y luego regresaré a Borinquen y me compraré mi casita, para vivir aquí hasta que me sorprenda la muerte.»

La jovencita halló marido y se las arregló para matizar con colores y aspiraciones de cenicienta el mundo de las ideas de este hombre. Juntos, una mañana de un verano caribeño, marcharon en búsqueda de las zapatillas de cristal: «Trabajo y ahorros para nuestra casita.»

La ciudad de los rascacielos les proveyó el trabajo y las fuentes de ingreso, no sin antes golpearlos con las facturas de los peajes más altos que se le pueden imponer a la vida. El hecho de que los puertorriqueños seamos ciudadanos norteamericanos no reduce los niveles de discriminación y atropello que experimentamos como ciudadanos hispanos en Norteamérica. Esas facturas incluyeron ver a uno de sus dos hijos hundirse en el lodo cenagoso de las drogas, la cárcel, los fracasos matrimoniales y la vida sin Dios.

Ella regresó a su isla amada, sin darse cuenta de que en el proceso de irse a la gran ciudad y regresar a su terruño, había quemado gran parte de su sensibilidad, sus emociones, su espíritu y su alma. Ella decidió evocar una sentencia muy humana: se enfrascó a vivir el infierno que viven los desesperanzados: sobrevivir cada día, ansiosos por la incertidumbre del mañana y enclaustrándose en un micromundo para no ser víctima de los dolores con los que el mundo marca a aquellos que no han aprendido el secreto de la vida.

Era muy cierto, ella tenía su casa, había logrado materializar todos su sueños, pero el proceso le robó la esperanza. Ella nunca tuvo grandes reconocimientos y tampoco disfrutó del *glamour* ni los aplausos de las multitudes. Jamás encontraríamos tras ella buscadores de tesoros gráficos ni de recuerdos para convertirlos en leyendas. Vivió una vida monótona y escasa de experiencias que le dieran sentido a su existencia.

Esta mujer tenía un solo tesoro; una niña de ojos tristes, con un corazón de ángel y una voz celestial. Sus ojos de ella fulguraban como estrellas al narrar los sueños que intentaba forjar en ese pedazo de su corazón y alma.

En un instante de gloria que certificaba la intervención del Cielo, el corazón de la niña encontró al Señor y con ella el corazón de aquella madre. Los años pasaban y la experiencia espiritual de esta mujer, ya llena de canas en sus sienes, parecía tan solo nominal e incapaz de devolverle la esperanza. Se refugió en el trabajo desde la casa y una nueva dimensión: la de la viudez.

A todas luces la vida para ella estaba llena de paradojas y contradicciones provistas por el Cielo. Su carácter era huraño, mas el de la hija era afable. Nunca aprendió a cantar, pero la pequeña cantaba como los ángeles. Ella reaccionaba ante las presiones de la vida encerrándose en sí misma, mas su hija abría su corazón para Dios.

La mujer, ya anciana, enfermó de manera inmisericorde y con su enfermedad parecieron llegar las miserias del alma y un vacío sin esperanzas. Era cierto que tenía una vida de iglesia, pero su corazón no había encontrado la esperanza en el Señor. Con su enfermedad llegaron las nubes que acompañan los corazones de aquellos que una vez eran independientes y ahora se encuentran dependientes en todo: depresiones, melancolías, lamentos y quejas contra el mundo y contra Dios. Las piernas se habían perdido y con ellas la movilidad y el sentido de independencia y libertad. Esta mujer entristeció hasta lo sumo.

Una tarde cayó muy enferma. Su condición diabética empeoró severamente y se complicó con la fractura de uno de sus muñones. La mayoría de los diabéticos gustan de hacer trampas con sus dietas y terapias médicas, trayendo sobre ellos —y sobre los suyos— grandes tribulaciones y penas. En el proceso de bajar su nivel de azúcar esta mujer sufrió un infarto y en varias ocasiones los médicos que la atendían se vieron en la necesidad de resucitarla. En esos instantes, al Cielo se le ocurrió intervenir con un milagro plural que devolvería la vida al cuerpo y la esperanza al alma. Al regresar de este lado de la vida, los testigos de sus crisis y dolores observamos que la anciana había sido transformada. «He estado en un lugar hermosísimo, en el que he podido caminar por entre medio de flores nunca soñadas y aspirar sus aromas en compañía del Señor. El Cielo es hermoso y el Señor es preciosísimo. Ya no tengo miedo a morir. Es más, deseo partir prontamente de este mundo para ir a ver a mi Señor y caminar por ese lugar que, sé, ha preparado para mí.»

Las palabras de la anciana poseían tanta emoción y pasión que muchos de nosotros, al oírla, comenzamos a desear morir para ir a ver ese lugar. Sus hechos trascendieron sus palabras y una mañana nos ordenó preparar todas las cosas para su funeral. Ella misma escogió el ataúd que portaría sus restos mortales. Recuerdo muy bien que en el proceso se burlaba de la muerte, diciendo que ella sabía que en el féretro solo estarían sus restos, pues ella sabía muy bien que estaría en el Cielo con su Señor. Ella escogió su sepultura y las ropas que le pondrían al momento de su partida. ¡Jamás en mi vida habían contemplado mis ojos alguien más feliz de partir con el Señor! Es más, nuestros hijos recuerdan con alegría asombrosa que ella invitaba a la gente, pidiéndoles que no faltaran a su funeral: «Será una fiesta.»

Una noche de enero, mientras toda su familia se

encontraba en una fiesta espiritual junto a más de 35.000 cristianos nacidos de nuevo, la anciana fue invitada de nuevo a contemplar de cerca el Cielo. Esta vez decidió quedarse por allá y adelantarse a todos aquellos que estamos haciendo planes para morar allí con el Señor.

Cuando ella murió, los asistentes a su funeral fueron sorprendidos por una hija y unos nietos que, con gallardía y esperanza, levantaron sus canciones angelicales para cantar a cinco voces himnos de alabanza al Señor de la resurrección y la esperanza.[2]

Capítulo 19

El texto bíblico

«ÉL CREYÓ EN ESPERANZA contra esperanza, para llegar a ser padre de muchas gentes, conforme a lo que se le había dicho: Así será tu descendencia. Y no se debilitó en la fe al considerar su cuerpo, que estaba ya como muerto (siendo de casi cien años), o la esterilidad de la matriz de Sara. Tampoco dudó, por incredulidad , de la promesa de Dios, sino que se fortaleció en fe, dando gloria a Dios, plenamente convencido de que era poderoso para hacer todo lo que le había prometido; por lo cual también su fe le fue contada por justicia.»

—Romanos 4.18-22

Capítulo 20

El análisis:

La esperanza bíblica

LAS RESPUESTAS A LAS PREGUNTAS que escolta cada planteamiento esgrimido como estribillo en este libro, sin duda alguna las he encontrado en el Evangelio. El Evangelio es de gracia, de salvación, de perdón de pecados y de presencia liberadora de Dios en Cristo. Pero también es de esperanza. Predica acerca de la luz del mundo, el conocimiento de la verdad y la gloria de Dios, pero con los pies en la tierra; iluminando el terreno por donde transitan los doloridos, dando a conocer que el Cielo se identifica con el dolor humano y que la gloria de Dios está presta para descender sobre aquellos que, tambaleándose en las densas aguas de las tribulaciones humanas, saben sostenerse con el último hálito de fe en el Dador de la vida.

Los estudiosos de la Palabra gustan destacar y prestarle atención a ciertos detalles de los textos , los que casi siempre son pasados por alto en la mayoría de las discusiones. Ya que el proverbista popular ha dicho que un ejemplo vale más que mil palabras, he aquí uno: el libro de la Biblia que más esperanza produce es Apocalipsis. En ese libro, que está compuesto con la estructura literaria de una carta, es donde se nos ofrece la visión final de que Dios está en control de la Historia. El libro postula que nadie sino Él puede terminar lo que Él mismo empezó, y que al final de los tiempos los creyentes en Cristo Jesús estarán gozando una victoria absoluta sobre el diablo, el Infierno y la misma muerte. Lo curioso es que, en el libro que predica esta esperanza, la palabra «esperanza» no aparece ni una sola vez. La palabra como vocablo podrá no estar allí, pero el concepto está diseminado e impregnado en todas y cada una de las páginas. Un tanto igual acontece con el Evangelio de Juan. La única vez que el escritor usa la palabra esperanza lo hace para subrayar que los judíos tenían su esperanza puesta en Moisés, en la Ley y en la interpretación de ser el único pueblo al que el Señor se le podía revelar. En ese evangelio, la esperanza activa (Colosenses 1.23), la esperanza de gloria (Colosenses 1.27), la Esperanza como sustantivo, como sujeto y como meta se había encarnado frente a ellos y no les era posible siquiera recibirla: «A lo suyo vino, y los suyos no le recibieron…» (Juan 1.11).

En el Antiguo Testamento Dios fungía sólo como la base y el objeto de la esperanza de los creyentes. Él se convertía en esperanza a base de sus actos portentosos en el pasado y en la historia del pueblo. De ahí que la esperanza de los hebreos no fuese mucho más que las expectativas de ver cumplidos los deseos de sus corazones. Tener esperanza significaba (y significa aún) saber que la presencia de Dios en el pasado garantizaba su presencia en el presente y en el futuro.

Esta esperanza es observada *in crescendo* en el cumplimiento de las promesas que Dios le hace a Abraham, esperanza tan grande que aun cuando no hubiera «terreno» para tener esperanza, el patriarca seguía teniéndola: «esperanza contra esperanza» (Romanos 4.18). Se veía el desarrollo de esta esperanza a partir de cada acto portentoso de Dios en el desierto. De este entendimiento los judíos desarrollaron la visión de que lo importante no era saber qué hacía Dios. No era demasiado importante si sus acciones eran grandes o pequeñas, si dividía o no el Mar Rojo o si hacía caer o no los muros de Jericó. Lo importante era saber que *El Shaddai* había prometido estar con su pueblo y no había faltado a su palabra. Su presencia era más que suficiente para promover, desarrollar y mantener la esperanza.

Aunque muchos lectores puedan estar combatiendo esta interpretación aludiendo a los momentos en los que el pueblo murmuró en el desierto (diez veces) y abandonó su fe, me remito en mi tesis a destacar los momentos en los que la esclavitud y el cautiverio diezmaron la fe del pueblo judío. Lo hago con la entera seguridad de que los lectores entenderán que allí, en Egipto, Babilonia, Asiria o en los campos de concentración, la esperanza los mantuvo con vida y batallando hasta lograr salir de ellos con la libertad provista por el Dios, quien nunca traiciona la esperanza que ha puesto en los corazones de sus hijos.

Es esto lo que destacan muchos profetas. Es el mensaje de Malaquías 3.6-7 y de Jeremías 14.8. Es el mensaje del salmista, cuya esperanza está puesta en que el Dios del Sinaí y será misericordioso con el pueblo rebelde, los librará del mal y perdonará sus pecados: «...espera tú, Israel, al Señor, pues en él hay amor y completa libertad. ¡El librará a Israel de toda su maldad! (Salmo 130.7-8, DHH).

No obstante, es apropiado señalar que no he podido encontrar en el Antiguo Testamento una porción bíblica que pueda resumir lo antes expuesto como lo hace el Salmo 119.49-50: «Recuerda la palabra que diste a este siervo tuyo: en ella me hiciste poner la esperanza. Este es mi consuelo en la tristeza: que con tus promesas me das vida» (DHH).

Cuando entramos en el análisis del Nuevo Testamento encontramos que el Espíritu Santo continúa inspirando a los escritores a enfatizar que Dios es el objeto y única fuente de esperanza. Veamos algunos ejemplos.

El apóstol Pablo señala en su carta a los Romanos que Dios es el Dios de esperanza (Romanos 15.13) y le dice a los Corintios que los creyentes hemos puesto nuestras esperanzas en Dios, porque es Él quien levanta los muertos (2 Corintios 1.9,10). En la primera carta del apóstol Pedro se nos señala que nuestra fe y esperanza están puestas en Dios (1 Pedro 1.21) y que el Señor es la Roca en la que estamos fundados como nuevo pueblo de Dios (1 Pedro 2.4-7). Los ejemplos bíblicos son inagotables, mas me parece que es Colosenses 1.27b una de las declaraciones más poderosas sobre este tema:

> *«Y este designio secreto es Cristo, que está entre ustedes y que es la esperanza de la gloria que han de tener» (DHH).*

Es esta la esperanza que mueve a los creyentes en Cristo Jesús: saber que nuestro futuro descansa en la suficiencia de Cristo, y que Él ha prometido regresar a culminar el propósito divino en su pueblo. Es una esperanza gloriosa, bendita, dinámica y expectante. Es una esperanza con contenido y es palpable, por cuanto las obras del Señor entre nosotros garantizan que sus promesas son verdadera y fidedignas.

Es por eso que tenemos esperanza, aun cuando no existan razones para tenerlas; porque el Señor está con nosotros.

Los cuadros existenciales pueden tornarse fríos y perturbadores. Podemos vernos obligados a comenzar el repaso de las notas diarias que traen consigo un inevitable desencanto. Es el testimonio del pueblo de Israel en el desierto, o es Elías en una cueva deseando morir, y es David huyendo de la persecución desatada por un hijo del alma, o son los jóvenes hebreos en el horno de fuego. Son Pablo y Silas en la cárcel de Filipos, por haber liberado a una endemoniada con demonios utilizados para el beneficio económico de unos terceros.

Todos y cada uno de estos relatos están cargados de colores tétricos y de horizontes entenebrecidos, pero en cada uno de ellos la esperanza activó la fe y la fe movió a misericordia al Trono del más excelso. En el primer cuadro se traza la necesidad de esperanza en un desierto que es producto de conductas inaceptables ante Dios y ante el mundo. En el segundo, es Elías ante la necesidad de esperanza, en medio de las persecuciones de primer orden; las originadas como pruebas de centro, entre aquellos que están en posiciones de autoridad. En el tercer cuadro, David experimenta la necesidad de esperanza en medio de las crisis que surgen aun cuando hemos querido hacer la voluntad de Dios; cuando somos perseguidos por aquellos que debieran amarnos. En el cuarto cuadro, es la necesidad de esperanza cuando somos atropellados en el ejercicio de hacer valer nuestros principios frente a procesos que los retan; los hornos de fuego que intentan hacer callar nuestra fe. Y en el último ejemplo vemos la necesidad de esperanza cuando nos sobrevienen pruebas por haber demostrado que no le tememos ni al diablo ni a gente que es mucho más mala que este.

Los israelitas en el desierto, aun sabiendo que merecían el desierto y el castigo, conociendo que experimentaban los resultados de sus infidelidades y desatinos, se refugiaban en la esperanza de que Aquél que los había sacado del yugo de la esclavitud egipcia sería fiel para cumplir sus promesas. La misericordia del Señor triunfaría sobre el juicio y, en algún instante, tarde o temprano, los cielos se abrirían y habrían de encontrar provisión y alternativas para vencer al desierto.

Elías intentaba vencer su depresión y ese sentimiento de persecución y acoso aun en el medio de la nada, en el desierto. Vacilando entre enebros y cuevas, deambulando incapaz de reaccionar ante el toque de los ángeles, tan solo una esperanza lo motivaba a seguir caminando. En algún momento y en algún lugar Aquél que lo llamó al ministerio sería capaz de accionar su misericordia, respaldando la vocación y el llamado de aquél a quien escogió y llamó por profeta del pueblo.

El rey cantor de Israel, huyendo de su Absalón, se encontraba incapacitado para lograr que su alma cantara otro Salmo 23. Sin embargo, se refugiaba en la esperanza de que Aquél que lo fortaleció para vencer leones, osos y gigantes, lo fortalecería ahora. Aquél que lo levantó del foso de la iniquidad y del pecado, proveyéndole perdón y renovando la relación de amistad con su criatura, ese Dios, el que se acuerda del hombre, sin duda alguna se acordaría de él y le devolvería la canción, cambiando su lamento en danza. De hecho, así lo hizo poniendo en sus labios el Salmo 63.

Los jóvenes hebreos reforzaban su fe con la perseverancia. Fueron estos los heraldos de una noticia que ha sacudido el entendimiento teológico de los creyentes de todas las generaciones:

> *«..nuestro Dios, a quien rendimos culto, puede librarnos del horno del fuego ardiendo; y de tu mano, oh rey, nos librará. Y si no, que sea de tu conocimiento, oh rey, que no hemos de rendir culto a tu dios ni tampoco hemos de dar homenaje a la estatua que has levantado.»*
>
> —DANIEL 3.17,18

Pablo y Silas en Filipos, sacudidos por la realidad de que hay gente tan maquiavélica que es capaz de sacarle provecho hasta a los demonios —aunque en el proceso terminen destruyendo a sus semejantes— le hacen frente al diablo y lo vencen, pero un enemigo más terrible que el diablo, otro hombre, los apalea y los encierra en la cárcel de más adentro. Confiados en la esperanza que no avergüenza, Pablo y Silas comienzan un culto de alabanza y adoración en el mismo medio de la prisión. El devocional estuvo tan ungido que Dios mismo vino a participar de esa experiencia de adoración y alabanzas a su nombre. Un amigo afroamericano me ha dicho que a Dios le gustó tanto el último coro que comenzó a marçar con sus pies el ritmo de esa canción. Dado el hecho de que el Cielo es el trono de mi Dios y la Tierra el estrado de sus pies, cuando Dios comenzó a marcar el ritmo, terminó pateando la cárcel.

Con todo y temblor de tierra, el culto parece haber estado tan lleno de la presencia de Dios, una manifestación tan palpable, que los presos de esa cárcel resolvieron que era mejor quedarse allí que escapar hacia la libertad. La gran diferencia entre la calle y la cárcel era que en aquella cárcel Dios había probado estar. Aunque le parezca una locura lo que diré, hay cárceles en las que nos conviene estar para poder ver la gloria de Dios.

Nuestro mundo, nuestros países y nuestras comunidades están necesitados de ese mensaje de esperanza. Hace falta llevar la esperanza a esa cárcel poblada de chiquillos que, jugando a ser «grandes», han terminado entregando sus vidas a los grandes intereses del crimen y de la droga. Hay que llevarle esperanza a centenares de madres solteras y adolescentes que, mes tras mes, ven sus vidas diluirse entre «el juego» de las responsabilidades como progenitoras de «muñecas» de carne y hueso y las de papel y de hule. Hay que llevarle esperanza a centenares de madrecitas que, siendo frágiles, tienen que jugar a ser fuertes para poder enfrentar así los dolores de las malas noticias cotidianas. Hay que llevarle esperanza a miles de familias alcohólicas que sobreviven cada día sin alternativas, mientras batallan a brazo partido contra ese océano de espíritus destilados que amenaza con ahogarles el alma y la voluntad. Hay que llevar esperanza a esas comunidades nuestras en las que nuestros jóvenes y niños se niegan a encarrilarse por las senda de la preparación académica, escogiendo vivir imitando a los *Jordanes*, los *Jacksones* y los *Roodmanes* de este siglo. Hay que llevar esperanza, hay que llevarles esperanza. Un ser humano sin esperanza es un ser humano condenado a la muerte.

Hace muchos años Victor Frankl, en su libro *Man's Search for Meaning*, le dijo al mundo que de sus experiencias en un campo de concentración nazi pudo aprender que la pérdida de esperanza tiene efectos mortales en el ser humano. Frankl declara que en esos campos pudo comprobar que cuando un hombre no posee un motivo por el cual vivir o un futuro al cual mirar, ese ser humano termina encogiéndose en un rincón a esperar la muerte. Muchos de los grupos que he mencionado se encuentran sin motivos por los cuales vivir y sin promesas de un futuro distinto. Algunos de ellos se encuentran en el proceso de encogerse y resignarse a sus muertes.

Pero la esperanza que necesitan no es la esperanza que provee el mundo. Omar Kayahn señalaba que la esperanza de los hombres hace que estos se vuelvan a sus cenizas. Y aunque él dijo esto en otro contexto, me parece vital la pertinencia que tiene con la realidad que presento en este libro. La esperanza que el mundo necesita es la que produce el conocer una meta que aliviará nuestras cargas, saber que podemos alcanzar la felicidad. Cristo es el único capaz de brindar esa esperanza, esa seguridad en el presente y esa garantía del futuro.

La iglesia de Cristo es, entonces, la responsable de llevarle esperanza a la humanidad. Nuestra labor no se puede limitar a las grandes fiestas del pueblo cristiano en renovación; solo está completa cuando logramos que la gente que está a nuestro lado pueda reconocer que Cristo es nuestra esperanza de gloria.

Epílogo

Un llamado a los proclamadores de esperanza

El reloj marcaba las 8:14 de la mañana y mi alma dejó escapar un quejido lastimero. Contemplar este producto esclavo de los designios del «cronos» era tan solo parte del ejercicio para recrear el 6 de agosto de 1945 en Hiroshima. Los testigos presenciales, sobrevivientes del primer holocausto atómico, apuntaban hacia sus recuerdos con una entonación casi insensible, como quien ha visto tanta maldad perpetrada por el hombre que ya ha perdido su capacidad para sentir y conmoverse.

Los tétricos relatos describían a gente carbonizada en las posiciones en las que se encontraban al estallar una bomba atómica sobre esa ciudad japonesa. Estos recuerdos intensos incluían imágenes de hermanitos más pequeños a quienes la piel se le arrancaba en tiras cuando intentaban moverlos de un lado hacia otro. Una mujer sin expresión alguna en su rostro narraba que al correr de uno de los suburbios de la ciudad hacia donde se supone estaba su casa, encontró a otra mujer sin rostro, que luchaba para mantenerse viva. Esta mujer se las arregló para llamarla por su nombre antes de morir: era su hermana.

Historias como estas se han repetido a lo largo de toda la historia de este siglo. En ocasiones a causa de las armas atómicas, en otras debido a las masacres xenofóbicas en campos de concentración, tales como los nazis, serbios y los tutus, o en purgas políticas como las stalinistas o la de Tieananmen. Se repiten también en medio de los escalofriantes estragos causados por enfermedades y epidemias devastadoras, algunas de ellas provocadas por el mismo hombre. Todas y cada una de ellas motivadas por lo mismo: el fiero egoísmo del hombre en busca del poder y el control de los otros hombres. Los siglos anteriores no han sido en nada distintos. Tan solo una luz se alza en el horizonte, una señal de los cielos que mantiene viva la esperanza.

Me pregunto: ¿hacia dónde se dirigen los seres humanos que permiten que estos dramas tan trágicos se desarrollen frente a sus ojos? Con un toque poético y profético, el mayor de mis hijos reflexionaba sobre nuestro potencial para producir tragedias y robarnos la esperanza los unos a otros. Él me decía que hacía pocas semanas el mundo entero quería tomar la justicia en sus manos al creer culpables a unos fotógrafos por la muerte de una princesa. Irónicamente, decía él, no nos hemos dado cuenta de que cualquiera que observa desde el cielo pensará lo mismo de todos nosotros, pero esta vez por el asesinato de Dios y por nuestra inacción ante este deicidio.

El problema más grande es que muchos serían hallados culpables por no reaccionar ante el mensaje de esperanza, pero otros tantos lo serán por no ser responsables con el compromiso de llevar ese mensaje. En palabras del Dr. Billy Kim, pastor coreano, «el pueblo que tiene consigo las llaves de la fe y la esperanza carece de pasión para llevar ese mensaje».

Este hombre señalaba, en un sermón predicado en marzo de 1995, que casi cualquier persona a la que se le pregunta, en cualquier rincón del mundo, el nombre del primer ser humano que pisó la Luna, responde sin vacilar: Neil Armstrong. Sin embargo, tristes son las noticias cuando se le pregunta a la mitad del Planeta el nombre de Aquél que ascendió los cielos y está sentado a la diestra del Padre, intercediendo por nosotros. Esta ignorancia mantiene al mundo sumido en un peregrinaje sin esperanza.

La razón de esta ignorancia la hallamos en la falta de pasión que exhiben los creyentes para predicar el Evangelio. Los nacidos de nuevo tenemos que comprender que es nuestra responsabilidad predicar ese evangelio que nos ha transformado y que puede transformar al mundo. Predicarlo con cada gota de energía del alma y de nuestro amor para que el mundo sea salvo.

Para que esto sea posible, necesitamos que el mundo pueda contemplar el verdadero evangelio de Cristo. Uno en el que las personas son importantes. En el Nuevo Testamento Dios llama a los seres humanos al Evangelio y lo hace por sus nombres; son personas y no meros entes. El mundo necesita saber que el Evangelio le devuelve la humanidad y la razón de ser al individuo. Esto es posible porque el Evangelio se fundamenta en la encarnación del Verbo de Dios y su capacidad para enfrentar y vencer todas las razones de nuestros temores. No es la manifestación etérea de una dimensión divina sino Emanuel, Dios con nosotros, encarnado, muerto, sepultado y resucitado para gloria de Dios Padre. En Él y por Él somos vencedores del temor a la vida, la muerte, la trascendencia, el presente y el futuro. Somos más que vencedores (Romanos 8.37) pues se nos concede la victoria sobre el pecado y la condenación.

El mundo necesita conocer esa noticia; hace falta

pasión para comunicarla de manera incansable. La Biblia está llena de promesas que afirman la fe y sustentan la esperanza. Hay promesa para ese mundo y para ese ser humano, que como ha dicho Moltman, anda en búsqueda de reintepretar sus alternativas y posibilidades, que necesita una transformación total y comenzar de nuevo.

Con tan solo buscar en uno de los libros de la Santa Palabra encontraremos que para ellos Dios prometió que haría una cosa nueva (Isaías 43.19), que sería capaz de darle fuerzas a los cansados (Isaías 40.29) y extirpar los temores de quienes necesitan ser fortalecidos, consolados y sustentados (Isaías 41.11). Prometió tomar el control de los necesitados, empobrecidos y abandonados (Isaías 41.17). Prometió que con la demostración de su justicia guardaría y sostendría a los que creen en su nombre (Isaías 42.6). Además prometió que Él, Creador y Formador de los cielos y del la tierra podía garantizar su presencia en medio de su pueblo (Isaías 43.5); que tomaría control de los problemas ecológicos del Planeta, al punto que los animales del campo, los avestruces y los chacales lo alabarían (Isaías 43.20). En sus promesas el Señor incluyó la sanidad interior de todos aquellos afectados por la rebeldía y el pasado pecaminoso (Isaías 43.25; Isaías 44.21). En su Palabra Santa se aseguró de que toda la tierra supera que sólo en Él y a través suyo hay salvación (Isaías 45.22). Sus promesas no dejan fuera a nadie; los ancianos están incluidos en ellas (Isaías 44.4). Él prometió que le hará justicia a ellos y a todo aquel que se le acerque (Isaías 46.13). Sus promesas incluyen razonamientos para algunos de nuestros dolores (Isaías 48.10) y no faltan en ellas las porción de *didaché* o enseñanza (Isaías 48.17). Hay consuelos en sus promesas (Isaías 50.3), hay seguridad aun en medio de las inclemencias del tiempo o los desastres naturales (Isaías 51.6; Isaías 54.10). No hay lugar para el escapismo en esas promesas del Señor (Isaías 52.12). Los requisitos para que estas promesas se cumplan comienzan con el tesón de los anunciadores

(Isaías 52.7).

A diferencia de lo que intentaron asumir algunos teólogos de la liberación, estas promesas no nos convocan a producir los cambios sino a traer a los pies del Señor a aquellos que van a ser cambiados. Esto no significa que debemos espiritualizar los problemas que enfrentamos; sin duda alguna tenemos que enfrentarlos con responsabilidad. Lo que significa es que el Evangelio no es la salvación a través del Estado benefactor vestido de cristianismo. Es la salvación a través de la fe en Cristo. No es la priorización de la salvación como la libertad de las opresiones de los sistemas humanos sino la salvación del alma y el perdón de los pecados; la prioridad es un cambio de la naturaleza generadora de nuestras aflicciones y dolores, la espiritual. Un cambio en esta dimensión produce múltiples cambios en las otras dimensiones de la vida.

Las promesas se cumplen con los anunciadores del Reino anunciando que la paz solo proviene de Dios, porque Él es Señor sobre el tiempo, sobre la eternidad, sobre las alturas y sobre la santidad (Isaías 56.14). Se obtienen esas promesas buscando su rostro, inclinándonos ante Él y escuchando con el alma (Isaías 55.3,7). Esas promesas traen consigo un código de ética (Isaías 58.9-14) y aquellos que lo guardan reciben la promesa de que Dios establecerá con ellos un pacto; mucho más que un contrato (Isaías 59.21). Todas estas promesas fueron pagadas en la cruz y ratificadas por la resurrección de Cristo. Estos dos eventos históricos le dan dirección y esperanza a todos aquellos que buscan a Jesús el Señor.

La humanidad ha estado constantemente en la búsqueda de escenarios y definiciones de sus fuentes de esperanza. Un ejemplo de esto lo tenemos en Erich Fromm, analista y antropólogo de la escuela neofreudiana, quien escribió un clásico que tituló *La revolución de la esperanza*.[3] En esta obra Fromm apunta a varios conceptos que vale la pena destacar. Primeramente, señala a la fe como la certidumbre de lo incierto, dividiéndola en dos clases, a saber: (a) la fe racional, la fe que es resultado de la propia disposición interna de la acción intelectual o afectiva, y (b) la fe irracional, la que se somete cierta cosa o idea a algo dado, admitiéndolo como verdadero, sin importar si lo es o no.

La fe del evangelio no es irracional, puesto que está basada en unos eventos históricos (la Cruz y la Resurrección).[4] Es, además, una fe que está por encima de la razón, pues es capaz de decirle «amén» a Dios por virtud del discernimiento que da el Espíritu Santo.

Fromm define la esperanza como el temple del ánimo que acompaña a la fe y que la posibilita; o sea que, para Fromm, no hay fe sin esperanza. Él llama a esa esperanza «un estado», una disposición interna, un intenso estar listo, una forma de ser. Es una de las grandes diferencias existentes en la búsqueda de fe y esperanza de los hombres, y la fe y la esperanza que Dios da. Para el creyente, una realidad innegable es que Dios da la fe como un don (Efesios 2.8), se la obsequia a todo el mundo. Por esa fe que Dios da es que podemos aguardar la esperanza de justicia (Gálatas 5.5).

Esa esperanza, como sustantivo, es motor de la insistente búsqueda de la esperanza como sujeto; aquella que está reservada para nosotros en los cielos (Colosenses 1.5) Esa esperanza como palabra de acción también nos es regalada por el Señor (2 Tesalonicenses 2.16).

Fromm, como buen antropólogo, nos señala que la búsqueda y la revolución de esa esperanza solo son posibles cuando a la fe y a la esperanza le añadimos la fortaleza; lo que Spinoza clasificó como sinónimo de coraje, la valentía de hacerle frente a la vida y a la muerte. El entendía que se podía tener esa clase de valor porque no se tenía mucho aprecio a la vida o porque se está sometido simbióticamente a un ídolo. La fe y la esperanza del creyente están muy bien acompañadas de la fortaleza que

Dios da. «Él es nuestro amparo y fortaleza, nuestro pronto auxilio en la tribulación» (Salmo 46.1).

Para Fromm la esperanza está desapareciendo con rapidez. y en su mundo es visto como uno que intenta disfrazar la desesperanza con optimismo o con un nihilismo revolucionario. Tengo que reconocer que algunos teólogos posmodernistas han caído en esa visión y han intentado que la Iglesia piense de esta forma. He aquí algunas de esas manifestaciones:

- La esperanza de que nosotros podemos realizar y establecer el Reino de Dios a base de nuestras acciones.
- La esperanza de que el pensamiento positivo y las actitudes felices nos harán cambiar el mundo para Dios.
- La esperanza de que las posiciones liberales en nuestras teologías son la mejor respuesta a las crisis que enfrenta el mundo; particularmente el tercer mundo.
- Que la esperanza que necesita el mundo se predica desde la liberación y la modificación de los absolutos cristianos, tales como las posiciones históricas y bíblicas sobre la homosexualidad.
- La esperanza de que el enfoque teológico de la prosperidad sirve como la respuesta non plus ultra para las crisis de este tiempo.

Sin lugar a dudas, los creyentes tenemos responsabilidades que cumplir y me reafirmo en que es muy irresponsable espiritualizar los problemas, pero la esperanza nuestra no necesita vestirse de nihilismos ni de optimismos. Nos basta estar vestidos de Cristo. Si para Fromm los signos de la desesperanza están en todas partes, para la Iglesia también lo es. Si para Fromm la solución se encuentra en un nuevo orden sociocultural moldeado y definido por los hombres, para la iglesia del Señor la solución está en poner el mundo a los pies del resucitado. El Señor de la resurrección es creador del universo y Él, mejor que nadie, puede y quiere traer la Creación al orden.

Permítame el lector los últimos dos elementos de comparación. Fromm, como buen discípulo de su época, ve al ser humano como una extravagancia de la naturaleza que luego se las arregla para trascenderla; claro está que él refiere la capacidad de trascendencia a la disposición para encontrar marcos de referencia, de orientación y de devoción. En cambio, la Biblia ve al hombre como criatura hecha por las manos de un Dios que ha estado dispuesto a sacrificar hasta lo más excelso, su gloria, con tal de recuperar su comunión y su relación con ella.

Por último, él ve el pensamiento del hombre obligado a ser clasificado en la era industrial como cuantificación, abstracción y comparación. Me perdona el lector si es fanático de este libre pensador, pero la Biblia no se rompe la cabeza con sistemas que luego requieren mucho esfuerzo para ser entendidos. Para el Evangelio, usted y yo tenemos o no tenemos la mente de Cristo.

El lector se habrá dado cuenta de que podemos estar eternamente comparando los esfuerzos humanos en busca de las fuentes de su esperanza y su fe, y que siempre terminaremos concluyendo que las alternativas que ofrece nuestra fe no solo son lógicas, sino a la vez más sencillas: «Para muestra basta un botón.»

Dado el hecho de que tenemos el mensaje y las justificaciones para predicarlo, ¿por qué nos falta esa pasión? Me parece que la clave la encontraremos en la estrategia utilizada por el enemigo para disminuir nuestra efectividad como heraldos del Reino; la estrategia de la división.

Leighton Ford se ideó una entrevista imaginaria con Pedro para explicar este punto con una maestría singular.[5] Confieso que los detalles que confío aquí los transcribo a base de mi mejor recuerdo de los pedazos que pude escuchar de esa conferencia, pues esa tarde me encontraba trabajando en la organización para el control de las filas de alimentos de los asistentes a Misión Global.[6]

En esa entrevista el profesor Ford le pregunta al apóstol testarudo cómo se dio este proceso de convertirlo en un pescador de hombres. En sus respuestas, Pedro destaca los siguientes aspectos:

El llamado

«Me llamó a mí»: Dios llama; todo comienza con el llamado.

«Me llamó por mi nombre»: Dios de un trato personal; personas y no instituciones.

«Me puso un apodo»: un Dios de trato familiar; los nombres hablan del lugar y el contexto de donde vienes.

Trabajo en equipo

«Nos convirtió en equipo»: Equipo y no grupo; los primeros trabajan en conjunto y en proceso hacia una meta. Esto minimiza las malas decisiones.

«Nos enseñó»: La importancia del discipulado constante y consistente. Aprendizaje en vida y tiempo real.

«Confió en mí»: La importancia de la tarea y la delegación de responsabilidades.

«Me probó»: La importancia del examen y del autoexamen.

«Me incluyó»: El sentido de pertenencia en la misión.

Los potenciales del liderato

«Me hizo su amigo»: Sentido de ser una persona.

«Me advirtió y me restauró»: Las oportunidades a gente falible.

«Me hizo entender»: ¿Me amas? ¿Confías en mí? ¿Me seguirías?

Permítame explicar esto de la manera en que la he entendido. Hay varios aspectos muy significativos para el Señor de la esperanza en este proceso de buscar heraldos que proclamen el mensaje esperanzador de la Cruz. Él es quien llama; Dios se reserva el derecho de llamar a esta tarea a quien Él quiere. Todos hemos sido convocados a la misión, pero no todos están capacitados para la proclamación. Uno de los mayores problemas que enfrenta la Iglesia de este siglo es que ha querido creer que por el mero hecho de que envía sus candidatos a los seminarios ya están calificados para la tarea. El resultado de esta pobre concepción del *kerygma* y de los *charismas* lo tenemos en púlpitos y organizaciones conducidos por buenos profesionales, pero pésimos intérpretes del mensaje del Evangelio. Aquí no se trata de saber si sus teologías son sincrónicas (análisis teológico siguiendo el patrón del tiempo), si son diacrónicas (a través del tiempo) o si son anacrónicas (perdidos en el tiempo). Se trata de si son capaces o no de reproducir el mensaje de esperanza o si en cambio se han convertido en la desesperanza vestida de ministro.

Es igualmente importante saber que el Dios que llama, convoca hombres y mujeres por sus nombres, conoce a quienes llama. Es un Dios de trato personal con sus mensajeros. Estoy convencido de que esta es la razón más poderosa para llevar el mensaje de esperanza, porque hemos tenido tratos personales con Dios, porque lo conocemos personalmente y seguimos siendo sus amigos.

No podemos pasar por alto la realidad de que Ford está en lo cierto cuando señala que los apodos y los nombres hablan de la realidad contextual de donde procedemos. Siendo esto así, entonces Dios llama gente con un contexto innegable. Cuando Dios llama a sus mensajeros lo hace conociendo las realidades que traemos con nosotros. Esto produce esperanza, que Dios nos llame y que se le ocurra contar con nosotros, aun sabiendo cómo somos.

Ahora bien, al comienzo de esta parte de la reflexión

señalé que la mejor estrategia del enemigo consiste en la división del pueblo de Dios; esto, sin duda, disminuye la efectividad de nuestra misión. Cuando Dios llama constituye equipos, con visión y metas comunes. Si los equipos se afectan, se afecta la tarea. El enemigo ha decidido infiltrarse en nuestra tarea provocando que muchos ministerios y ministros acaricien la idea de la superioridad de sus tareas y de sus visiones por encima de las tareas y la visión de los equipos ensamblados por el Señor.

El lector deberá analizar los contextos de las tareas evangélicas en su comunidad y en su país para que pueda integrar este análisis al resto de este trabajo. La iglesia del Señor en Puerto Rico tiene una tarea como equipo de Dios. Lo mismo le sucede a la iglesia del Señor en México, en Argentina, en Nueva York, etcétera. ¿Qué sucede cuando los ministerios de un lugar determinado deciden anteponer sus visiones individuales a las visiones del equipo de su país o región? La tarea deja de realizarse con efectividad porque los personalismos, vestidos de argumentos teológicos, llenan de desesperanza a los pueblos.

De ser necesario, lea esto varias veces: Cristo fue capaz de poner a trabajar en equipo a un celote nacionalista y antiimperialista con un publicano, progobierno, con licencia imperial para robar y con la autoridad para mantener el sistema a como diera lugar.

Si así fue, entonces debe ser capaz de lograr que conservadores, pentecostales, bautistas, metodistas, luteranos, presbiterianos, moravos y aliancistas puedan trabajar juntos.

La importancia del discipulado constante y consistente forma parte de las herramientas necesarias para la misión que proclama esperanza. Esta es una tarea de mucho tiempo; de toda una vida. Muchas veces, en el afán por el iglecrecimiento queremos despachar casi inmediatamente a aquellos que están en el proceso inicial de la capacitación evangélica. La verdad es que muchos pastores delegan esta responsabilidad en personas con muy buenas intenciones, pero que no están dispuestos a compartir su vida. El discipulado requiere que compartamos el testimonio de nuestras vidas.

Haga un recuento de aquellos hombres y mujeres excepcionalmente valiosos y eficientes en la tarea, y con frecuencia encontrará que en la historia de sus desarrollos como discípulos aparece la figura, la enseñanza y el modelo de un pastor igualmente excepcional. No podemos seguir delegando ni acelerando lo que es, por derecho y definición, indelegable y no «acelerable». Es mejor sacrificar por un tiempo la búsqueda de las cantidades en nuestras congregaciones, a fin de invertir ese tiempo en calidad congregacional. Esa inversión pagará, a la larga, con creces, pues los discípulos bien enseñados y adiestrados sin duda alguna superarán al maestro y harán crecer la obra. Ese proceso de capacitación requiere de mucha sanidad mental y autoconocimiento por parte de aquellos que conducen el discipulado en la iglesia. Digo esto, porque hay que discernir constantemente los estadios y las dimensiones de las tareas que vamos a delegar. Esto habla de confianza y de la importancia que le estamos dando a aquellos a quienes el Señor ha llamado para las tareas de la iglesia y la misión.

Los heraldos del mensaje de esperanza deben ser capaces de someterse al escrutinio divino y el de la congregación. No existen ministerios que sean más grandes que la Iglesia del Señor. Las pruebas de la fidelidad que propone el Espíritu de Dios responden a la urgente necesidad de que nosotros siempre podemos saber en dónde estamos y de qué áreas debemos trabajar con mayor ahínco y con nuestro mejor esfuerzo.

Un tanto igual podemos decir del sentido de pertenencia en la misión, de los potenciales para el liderato, de la seguridad proveniente de saberse una persona, que no obstante nuestra falibilidad Dios es capaz de advertirnos y restaurarnos. Estas oportunidades nos permiten entender mejor cuánto amamos a Dios, cuánto confiamos en Él y los sacrificios que estamos dispuestos a realizar para seguirlo.

Nuestro mundo necesita mensajeros de esperanza, y Dios anda en busca de ellos. No le importa si son pescadores o campesinos de los campos o regiones apartadas como Galilea, o si son burócratas, aristócratas o estudiosos de los centros urbanos. Dios nos llama y nos pide que vayamos al mundo a decirle, sin temor alguno, que nuestra esperanza no avergüenza porque el amor de Cristo ha sido derramado en nuestros corazones.

Por último, me acerco al lector reseñando que en el libro del profeta Jonás, el mensaje que Dios le dio a su siervo fue pequeño, pero tan poderoso que logró que el rey se levantara de su asiento y se postrara a los pies del Señor. El mensaje del profeta era de esperanza en medio de unas convulsiones citadinas e imperiales que merecían el juicio divino.

Jonás se pudo levantar aun en contra de su voluntad. ¿Lo harás tú?

Referencias

Notas

Primera sección

1- Moltmann, *Teología de la Esperanza.*, p. 29
2- Talmud Babilónico: Bava Kamma 3b.
3- Moltmann, *ibid.*, pp. 21,22.
4- Ver bibliogarfía adjunta.
5- Nahum Sarna, *op.cit.* Ver Bibliografía.
6- Brueggemann, p. 53.
7- Sarna, p. 31.
8- Sarna, *ibid.*
9- Nombre que se le da al campesino puertorriqueño; este nombre ha sido acuñado por generaciones revestido de romance y cariño.
10- Cualquier parecido con lo que hoy observamos que ocurre en los centros metropolitanos de los países hermanos de América es pura coincidencia... (¿Qué cree usted?)
11- The Anchor Bible Dictionary: «*Abel.*»
12- Citado por David Watson en *I Believe in Evangelism*, p. 157.
13- El texto en inglés es una cita directa de *TANAKH:The Holy Scriptures.*, publicado por Jewish Publication Society. (Ver Bibliografía.)
14- Nahum Sarna, *ibid.*, p. 33.
15- «En Dios confiamos.»

Segunda sección

1- Los estudios arquelógicos confirman que Jope fue fundada alrededor del 1650 a.C.
2- Esta cita de Job 5.7 en la versión *Reina-Valera* es traducida completamente opuesta a lo que dice el texto hebreo. La versión *Dios Habla Hoy* corrige esto.
3- Lucas 22.55,56.
4- Lucas 22.61.
5- Lucas 12.41.
6- Mateo 26.31.

7- Marcos 14.31.
8- Juan 13.8.
9- Mateo 26.40.
10- Mateo 26.51.
11- Mateo 26.56.
12- Mateo 26.58.
13- *Ibid.*
14- Mateo 26.69-74.
15- Juan 21.3-14.
16- He incluido entre paréntesis, lo que considero son las mejores pistas para entender las diferencias existentes entre esos «amores». Las aprendí de uno de los mejores maestros de Biblia que he conocido, el Dr. Roberto A. Rivera, de la Iglesia de Dios en Cleveland, Tennessee. Este hombre, capaz de exponer en forma sencilla cualquier cosa que sea complicada, argumenta que el amor puede ser explicado a base de las reacciones de un hombre que tiene dos camisas.
17- «Petros» significa piedra.
18- Traducciones directas realizadas por el autor usando ελ Nuevo Testamento en griego The British and Foreign Bible Society, 1977.
19- *Sobre las alas del viento*, pp. 119,120.
20- Hechos 2.3.
21- Justo L. González. 1992. *Comentario Hispoanoamericano: Hechos*, p. 24. (Ver Bibliografía.)
22- *Ibid.*, pp. 44,45
23- C.H. Dodd. 1937. *The Apostolic Preaching and Its Development*, pp. 11-24. (Ver Bibliografía.)
24- Justo L González. 1982. *Y hasta lo último de la tierra: una historia ilustrada del cristianismo*, tomo 8, p. 21. (Ver Bibliografía.)
25- Walter Brueggemann. 1993. *Biblical Perspectives on Evangelism: Living in a Three-Storied Univers*, pp. 7-13.
26- Hechos 9.40.
27- Willimon, William. *Interpretation Series: Acts*, pp. 84-87. (Ver Bibliografía.)
28- Cecilio Arrastía.

Tercera sección

1- John Patrick. *The Teahouse of the August Moon*, acto 1, escena 1, pág 6, 1957.
2- Talmud Babilónico, *Nedarim* 40a.
3- Internet: www.rau.edu.uy /embamex/mexnervo.htm 23/06/1996.
4- Título griego usado en la *Septuaginta* para referirse a Yavéh.
5- Jürgen Moltmann, *Teología de la esperanza*, p. 42. (Ver Bibliografía.)
6- *Op. Cit.*, p. 44.
7- Mark Twain, *Following the Equator*, Vol. 1, cap. 11, epígrafe, p. 125. (Ver Bibliografía.)
8- Nombre hebreo para el aniversario de la muerte de un ser querido.
9- Rabbi Joseph Telushkin, *Jewish Wisdom*, pp. 255,256.
10- Norman Linzer, *Understanding Bereavement and Grief.*
11- Hay un excelente libro sobre este tema escrito por el Dr. Norman Wright: *Siempre te amaré.* (Ver Bibliografía.)
12- Hay una tabla completa en las pp. 189,190 del libro *Basic Types of Pastoral Care & Counseling*, escrito por Howard Clinebell. (Ver Bibliografía.)
13- Howard Stone. 1976. *Crisis Counseling*, pp. 12-14.
14- *Ibid.*
15- Wayne E.Oates. *Pastoral Care and Counseling in Grief and Separation.* (Ver Bibliografía.)
16- Virginia Satir. *Nuevas relaciones humanas en el núcleo familiar*. México, Editorial Pax, 1991.
17- Mizraim Esquilín. 1995. *El despertar de la adoración*, pp. 68-70. (Ver Bibliografía.)
18- Wayne Oates. *op cit..*, p. 51-61
19- Todos los libros consultados están en inglés; desgraciadamente me parece que hay muy poco material relevante en español sobre este tema.
20- Niklas. *Op. cit.*, p. 37.
21- *Ibid.*, pp. 44-45.
22- Tomado del Curso de Capellanía del SEPR, dictado por el profesor Rafael A. Rodríguez. Marzo 1993.
23- Howard Clinebell. *Ibid.*, pp. 190-275.

Cuarta sección

1- El Rdo. Van Dyke nació en Germantown, Pensylvania, en 1852 y murió en Princeton, Nueva Jersey en 1933.
2- La hija de esta anciana ha sido mi esposa por los pasados veinte años.
3- Erich Fromm. *La revolución de la esperanza.* (Ver Bibliografía.)
4- Los lectores pueden encontrar una férrea defensa de esta posición en el libro *Sobre las alas del viento,* pp. 111-129.
5- Notas tomadas durante la *Conferencia para Obreros Cristianos* durante *Misión Global,* con el Dr. Billy Graham, San Juan, Puerto Rico, marzo de 1995.
6- Durante el proceso de edición final de este libro recibí las notas de la conferencia del Dr. Ford como cortesía de la Asociación Evangelística Billy Graham.

Bibliografía

David Noel Freedman, editor. *The Anchor Bible Dictionary*, Doubleday, 1992.

Bakker, Jim. *I Was Wrong*, Thomas Nelson Publishers, 1996.

Brueggemann, Walter. *Biblical Perspectives on Evangelism: Living in a Three-Storied Universe*. Abingdon Press, 1993.

Brueggemann, Walter. *Genesis: Interpretation Series*, John Knox Press, 1982.

Clinebell, Howard. *Basic Types of Pastoral Care & Counseling*, Abingdon Press, 1992.

Dodd, C.H. *The Apostolic Preaching and Its Development*, Harper & Row, 1937.

Esquilín, Mizraim. *El despertar de la adoración*, Editorial Caribe, 1995.

Esquilín, Mizraim. *Sobre las alas del viento*, Editorial Caribe, 1996.

Fossum Merle A. y Marilyn J. Mason. *Facing Shame: Families in Recovery*, W.W. Norton & Co., 1986.

Fromm, Erich. *La revolución de la esperanza*, Fondo de Cultura Económica, 1971.

González, Justo L. *Comentario Hispoanoamericano: Hechos*, Editorial Caribe, 1992.

González, Justo L. *Y Hasta lo último de la Tierra: Una Historia Ilustrada del Cristianismo*. Tomo 8: «La era de los dogmas y las dudas», Editorial Caribe, 1982.

Graham, Billy. *Facing Death and the Life After,* Word, 1987.

Kittel, Gerhard. *Theological Dictionary of the New Testament,* William B. Eerdmans Publishing Co., 1993.

Keil, C.F y F. Delitzsch. *Commentary on the Old Testament,* William B. Eerdmans Publishing, Co., 1991.

Lindemann, Erich. *Beyond Grief: Studies in Crisis Intervention,* Jason Aronson, 1979.

Moltmann, Jürgen. *Teología de la esperanza,* Ediciones Sígueme, 1989.

Niklas, Rev. Gerald R y Charlotte Stefanics. *Ministry of the Sick,* Alba House; 1982.

Oates, Wayne E. *Pastoral Care and Counseling in Grief and Separation,* Fortress Press, 1976.

Sarna, Nahum. *The JPS Torah Commentary:Genesis,* The Jewish Publication Society, 1989.

Satir, Virginia. *Nuevas Relaciones Humanas en el Núcleo Familiar,* Editorial Pax 1991.

Sloyan, Gerard. *John: Interpretation Series,* John Knox Press, 1988.

Stone, Howard. *Crisis Counseling,* Fortress Press, 1976.

Switzer, David K. *The Dynamics of Grief,* Abingdon Press, 1970.

Switzer, David K. *The Minister as Crisis Counselor,* Abingdon Press, 1986.

———*TANAKH: The Holy Scriptures,* Jewish Publication Society.

Telushkin, Rabbi Joseph. *Jewish Wisdom,* William Morrow, 1994.

Twain, Mark. *Following the Equator,* Vol. I, 1968.

Watson, David. *I Believe In Evangelism,* William B. Eerdmans Publishing Co. ,1976.

Willimon, William. *Interpretation Series:Acts,* John Knox Press, 1988.

Wright, Norman. *Siempre te amaré,* Unilit, 1994.

Zacharias, Ravi. *Deliver us from Evil,* Word Publishing , 1996.